論羅素 在質疑中探索事物的本質，如何看待世界

極簡主義×分析化約×崇尚和平，

對人世充滿關懷的哲學家

劉燁，潘于真 編譯

Bertrand Russell

思想深刻的數理天才、才華斐然的散文作家，

二十世紀的伏爾泰×百科全書式通才

——懷有深刻人文關懷、哲學傳統的創新者伯特蘭·羅素！

崧燁文化

序言

伯特蘭·羅素，英國著名哲學家、政治家、散文家和社會活動家。西元一八七二年出生於英國威爾斯蒙茅斯郡特里萊克一個貴族家庭。他的祖父約翰·羅素，在維多利亞女王時代曾兩任首相。羅素幼年時父母雙亡，是祖母將他撫養成人。

西元一八九〇年考上劍橋大學三一學院，攻讀數學，三年後轉攻哲學。

西元一九〇八年被選為皇家學會會員。

西元一九一〇年成為劍橋大學講師。

西元一九一一年當選為亞里斯多德學會會長。

西元一九一八年因反戰被監禁。

西元一九二〇年至西元一九二一年，曾到中國講學一年，任北京大學客座教授。

西元一九四九年成為英國皇家學會榮譽研究員。

西元一九五〇年被授予諾貝爾文學獎，西元一九六〇年榮獲丹麥的索寧獎。

西元一九六四年創立羅素和平基金會。西元一九七〇年逝世於威爾斯的普拉斯彭林。

羅素被譽為「世紀智者」，二十世紀最聲譽卓著、影響深遠的思想家之一。他一生著書多達七八十本，論文數千篇，門類廣泛，涉及哲學、數學、科學、倫理學、社會學、政治、教育、歷史、宗教學等諸多方面，享有「百科全書」式思想家之稱。

羅素以「哲學家」名世，但其真正純哲學的著述，尚不及全部作品的三分之一。他之所以獲得諾貝爾文學獎，正如那篇嘉獎辭所說：「他擁護人道主義的理想及自由的思想，寫下了多姿多彩而意義深遠的著作。他的作品對人類道德文化作出了傑出的貢獻。」本書正是這一貢獻的總結，其內容包括：

一、道德的準則

羅素認為，其所處時代的道德是功利主義和迷信的奇特的混合物，而迷信的部分則在其中占有較大的比例。迷信是道德準則的起源。

二、自由之路

自由永遠是人類生命中象徵美好的花朵。羅素指出，任何一種對他人不造成危害的快樂，都應得到珍視。

三、不幸之源

不健康的心理，是人類不幸福的一大原因。羅素告訴我們，要認清不健康心理的危害，以及它是如何產生、形成的，從而培養健康的心理，安度幸福的一生。

四、幸福之路

幸福這東西不像成熟的果子那樣，僅僅依靠幸運環境的作用便會掉進你的嘴裡。幸福必須是一種努力。

五、愛情與婚姻

從浪漫的愛情到實在的婚姻生活，有許許多多的問題需要我們面對。愛情與婚姻，需要我們用心靈的甘露去澆灌，用生活的激情去燃燒。

羅素的道德哲學給我們許多啟示，羅素的思想使我們受益無窮。愛因斯坦說：「閱讀羅素的作品，是我一生中最快樂的時光。」本書是羅素著作的精選譯本，囊括了其道德哲學的思想精華。書中內容深入淺出，明白曉暢，妙語如珠。本書可以說是人類獲得幸福的「指南」與「嚮導」，人類心靈避免致命傷害的「盔甲」與「保障」，人類有史以來最佳的圖書之一，是久經歷史考驗所沉澱下來的經典名著。

劉燁

目錄

第四章　幸福之路

第五章　愛情與婚姻

第一章　道德的準則

漂流於荒島的魯賓遜，也曾辛勤勞作、自我克制和深謀遠慮，這些都應該被視為道德方面的品格，如果我們都能信守這部分道德，則世界一定會變得美好。然而，這終究不是道德最重要的部分。現行的道德是功利主義和迷信的奇特的混合物，而迷信的部分則在其中占有較大的比例，是道德準則的起源。這是一位偉大哲人在數十年前，對其所處時代道德的精闢論述。

美好的人生

何謂美好的人生？羅素告訴我們，美好的人生是由愛所喚起，並為知識所引導。愛是一個含有多種情感的字眼，我們的愛總是游移於純粹的歡喜和純粹的仁慈之間；知識並不是指道德的知識，而是指科學的知識以及特定事實的知識。對於美好的人生而言，愛與知識都是必要的。

關於美好人生的見解，對於不同的時代、不同的人而言各不相同。有人認為監獄是遏制犯罪的良策，還有人則堅持認為教育效果更佳。

對美好人生的看法，羅素並不打算說明誰對誰錯，也不想證明自己的觀點是多麼正確，他只是想說出自己的觀點，並希望得到盡可能多的贊同。羅素的觀點如下：

美好的人生是由愛所喚起，並為知識所引導。

無論是有愛而沒有知識，還是有知識而沒有愛，都不可能產生美好的人生。在中世紀，當一個國家出現了瘟疫時，教士便會帶領人們聚集在教堂裡祈禱，結果是在如此擁擠的環境裡，瘟疫得以更迅速地傳播。這便是有愛而沒有知識的例子，而戰爭則是有知識而沒有愛的例子。在這兩個例子中，結果都是大規模的死亡，而不可能產生美好的人生。

愛與知識都是必要的，但在某種程度上，愛則更為必要，因為愛將引導明智之士去尋求知識，以清楚地知道如何使所愛的人獲益；相反，如果人們沒有知識，他們將迷信於道聽途說，往往會好心而辦了壞事情。例如：對於病人而言，一位能幹的醫生要比最忠誠的朋友更為有用；對於民眾的健康而言，醫學知識的進步要比孤陋寡聞的慈善更有貢獻。

愛是一個含有多種情感的字眼。作為一種情感的愛，總是游移於兩端之間：

愛的一端是純粹的歡喜。對於無生命的物體，如一幅風景畫，一首奏鳴曲等，我們只會產生歡喜。通常，這種歡喜在兒童之中比在成年人中更為強烈，因為成年人看待事物往往帶有功利主義的色彩。對於我們人類的情感而言，歡喜也有著重要的作用——當我們僅僅從審美的角度來觀察事物時，有一些人頗具魅力，而另一些人則恰恰相反。

愛的另一端是純粹的仁慈。例如：有人為幫助痲瘋病人而犧牲了生命，在這種情況下，他人所感受到的愛不可能帶有任何審美歡喜的成分；父母愛自己的孩子，有時是出於審美的歡喜，但當這種成分不存在時，父母的愛心依然強烈。

最完美的愛，是歡喜和美好願望這兩種成分不可分解的結合，父母對漂亮且成功的孩子所感到的快樂就包含著這兩種成分。

沒有美好願望的歡喜，也許是殘酷的；而沒有歡喜的美好願望，則容易變得冷漠和高傲。

我們渴望他人美好願望的程度，是由我們感到自己需要幫助或面臨他人傷害的程度而定的，但對於人生則不盡然。我們渴求愛，目的在於擺脫孤獨感，以及求得「被理解」，這不僅僅是仁慈的問題，也是同情的問題。那些對我們生有愛意的人，不僅應當希望我們好，而且也應該知道如何使我們幸福。毫無疑問，這屬於美好人生的另一成分的問題，即知識的問題。

在此，我們就被帶到知識的必要性這個問題上來了。當我們說知識是美好人生的一個組成部分時，我們並不是指道德的知識，而是指科學的知識以及特定事實的知識。

如果我們希望達到某一目的，知識可以為我們指出方法，當然，這種知識也可能在無意中轉化為道德的知識；但是，除非我們考察行為可能產生的各種結果，否則我們無法判斷哪一種行為是正確，哪一種行為又是錯誤。所有道德的準則都必須接受檢驗，即它們能否實現我們希望達到的目的。

事實上，我們「應當」希望的東西，只不過是他人要求我們希望的東西。其通常是諸如父母、教師、警察、法官等權威人士要求我們希望的東西。如果你對某人說「你應該做某某事」，你這句話的動機在於他對得到你的讚賞的欲望——伴隨著你的讚賞或不讚賞而來的，可能還有獎勵或懲罰。既然一切行為皆源於欲望，那麼，非常明顯，道德的概念並不重要。

理論上的道德是多餘的，舉一個簡單的例子即可一目了然：如果你的孩子生病了，愛使你希望治好孩子的病，而科學則告訴你如何達到這個目的。在此，並不存在一個道德理論的中間段，論證你的孩子應盡快治療，你的行為直接源於實現目的的希望以及知識。這一點適用於一切的行為，無論行為是好是壞。

沒有任何辦法可以使人們做他們不想做的事，可行的辦法是透過一種獎懲制度來改變他們的欲望，因此，立法機構中的道德家所面臨的問題就是：如何制定一套獎懲制度，才能取得立法機關所希望的最佳效果。如果我們說立法機關缺乏良好的願望，也就是說，立法機關與我們社會的某一些願望相衝突，遠離了人類的欲望，便失去了道德標準。

因此，道德與科學的差異不在於知識的種類，而僅僅在於欲望。道德方面所需要的知識與其他方面所需要的知識並沒有多大的不同，不同的是有些目的希望能被達到，而正當的行為有助於這些目的的實現。當然，如果正當行為的定義要獲得廣泛的認可，其目的就必須是大多人所希望的。如果誰將正當行為定義為能夠提高他個人收入的行為，想必大多數人都不會同意。任何道德論據的效力在於其科學的部分，亦即證明此類行為是大多數人追求目的的手段。

現在，我們可以更加準確的解釋美好人生了：當我們說美好人生是由受知識引導的愛所構成的時候，那激勵我們的欲望是盡可能地去過這種生活，並看到其他人也過這種生活。這句話的邏輯含義是：人們生活在這樣一個環境中，比在一個缺少愛或知識的社會裡，能有更多的願望被滿足。但我們並不是說，這樣的人生是有「道德的」或是「罪惡的」，因為實際上這兩種概念並沒有科學根據。

道德的準則

羅素站在一個批判者的立場，批判了其所處時代的道德。他指出，所謂的道德是功利主義和迷信的一種奇特的混和物，而迷信的部分則在其中占有較大的比例，是道德準則的起源。迷信的道德施加予人本可以避免的痛苦：使家庭中孩子過多、貧窮、營養不良、住房擁擠；使貧窮人家的女人享受不到平等的待遇；用貧窮宣判眾多工人子女的死刑；使人們失去思考的能力，從而導致情感主義盛行和批評精神缺乏……

道德的實際需要，產生於同一個人或不同的人、在同一時間或不同的時間的欲望衝突。假設一個人既想飲酒，又想能勝任他第二天早晨的工作，如果他所採取的方式僅能給他的欲望以較小的滿足，那麼，我們認為他是不道德的。至於那些過於放縱和奢侈的人，即使他們只損害自己，並未損害他人，我們也認為他們是不道德的。

羅素認為，謹慎是美好人生的一部分。漂流於荒島的魯賓遜也曾辛勤勞作、自我克制和深謀遠慮，這些都應該被視為道德方面的品質，因為這些品質增加了他的滿足，又未損害他人。這一部分道德在教育兒童方面十分重要，倘若他們日後能信守這部分道德，則世界一定會變得十分美好，因為這種道德足以使他們避免戰爭——戰爭是感情的行為，而非理智的產物。但是，無論謹慎是何等的重要，也終究不是道德中最重要的部分，它也不是引起理智問題方面的部分，因為它僅訴諸於個人的利益。

超出謹慎範圍之外的那部分道德，大體上而言，是類似於法律或規則的東西。它是一種療法，能夠使人們共處於一個社會之中，而不論其欲望有無衝突的可能。這裡有兩種截然不同的方法：

一種是刑法的方法。其目的在於，透過對以某種方式損害他人欲望的行為，施加令人不快的處罰，來達到表面的和諧。這也是一種社會責難的方法——被自身所處的社會認為不道德，是一種懲罰，為了避免這種懲罰，大多數人都會避免讓人知道他們違反了社會的準則。

另一種方法則是更為根本的方法，倘若一旦成功，將會得到更加令人滿意的結果。即透過最大限度地減少衝突的機會來改變人們的性格和欲望，手段是使一個人的欲望的滿足盡可能與另一個人的欲望的滿足相一致。愛之所以比恨好，是因為愛能使人們的欲望變得協調，而非衝突。在兩個相愛的人中，成敗與共；而在兩個相恨的人中，一方的失敗則是另一方的成功。

在羅素看來，其所處時代的道德是功利主義和迷信的一種奇特的混合物，而迷信的部分則在其中占有較大的比，是道德準則的起源。最初，某些行為被認為是神所不喜歡的，於是透過法律禁止，因為神的憤怒會加諸於整個社會，而不僅是犯罪者本人。由此產生出罪的觀念，也就是說神不喜歡的即為罪，至於某些行為為什麼為神所厭惡，卻說不出一個理由，但這些禁令卻是至高無上的權威。

顯然，一個具有科學人生觀的人，是不會被《聖經》的經文或教會的教義嚇倒，他也不會滿足於說：「某某行為是有罪的，此事的結局應是那樣。」他將調查這一行為是否有害，或者相反，調查另一行為是否有害。於是他將發現：我們現行的許多道德，其來源完全是迷信，包含著無謂的殘酷；而假如人們能對周圍的人懷有善心，迷信就會被拋棄。然而，傳統道德的捍衛者卻很少有善心，這一點我們可以從教會大人物對軍國主義的偏愛中看出來。我們不禁想到，他們之所以重視道德，是由於道德能合法發洩他們施加痛苦的欲望，對他們而言，罪人是被准予捕獵的鳥獸，因而無須寬容！

讓我們考察一下從生到死的普通人生，並注意迷信的道德是如何施予本可以避免的痛苦——我們從胚胎講起，因為這裡迷信的影響特別值得注意：如果父母沒有結婚，那孩子便會蒙受恥辱，因為顯然不應該有這個孩子；如果父母一方有花柳病，很可能會遺傳給孩子；就家庭的收入而言，如果孩子過多，便會出現貧窮、營養不良、住房擁擠，而且還可能亂倫——可是大多數的道德家卻認為，還是讓父母不知道如何透過避孕避免痛苦為好。

於是，為了取悅這些道德家，痛苦的人生遂落到千百萬人頭上，這些人被認為不應該存在，只因為道德家認定不以生育為目的性交是罪惡的，反之則否，即使後代注定要受苦。諸如此類的痛苦，都是主教和政治家以道德的名義，煞費苦心賜予人們的；而如果他們對兒童尚存一些憐愛之心，他們斷不會堅持那殘酷至極的道德準則了。

在出生期和嬰兒期，一般的孩子受經濟之苦較迷信之苦多。當富裕人家的女人生孩子時，她們有最好的醫生、最好的護理、最好的飲食、最好的休息和最好的復健；但工人階層的女人享受不到這些優待，她們的孩子常因此而夭折。當局雖然在照顧母親方面做了點事情，但實在微不足道。就在當局削減對育兒牛奶的經費時，卻同時準備耗費巨資為富人住宅區修路，而那裡的人員往來卻十分稀少。政府必須知道，他們做出這項決定無異於用貧窮宣判眾多工人子女的死刑，但這些統治者卻得到絕大多數牧師的支持，這些牧師以教皇為首領，使全世界巨大的迷信勢力都維護社會的不平等。

在教育的各個階段，迷信的影響是災難性的。部分兒童有思考的習慣，而教育的目的之一就是剷除他們的這種習慣，凡兒童提出不便回答的問題，均遭到喝斥或者懲罰。集體情感被用來灌輸某些信仰，尤其是民族主義的信仰，資本家、軍閥和教士在教育方面通力合作，因為他們的權力都依賴於情感主義的盛行和批評精神的缺乏。而在人性的幫助下，教育正強化一般人的這些傾向。

在中等和高等學校，情形則更糟糕：要做禮拜，而且由牧師全權掌管道德方面的事情。牧師作為道德教師，幾乎必然有兩方面的失誤：他們一方面譴責無害的行為，另一方面卻又寬恕極為有害的行為。他們大多譴責節制生育，而無一人譴責丈夫使其妻子死於多產的殘酷的行為。有這樣一個牧師：他的妻子九年內生了九個孩子，醫生告誡他，如果她再生一胎，將不免於死；第二年，妻子又生了一個孩子後，真的過世了，卻無人譴責牧師，依然保持著他的聖職，甚至又娶了一個女人——只要牧師繼續寬恕殘酷、譴責無辜的快樂，以他們作為道德的保護者，只能有壞的影響。

迷信對於教育的另一個不良影響，就是缺少有關性行為的教育。主要的生理事實應當在青春期前，在尚未產生刺激性時，才能簡單而自然的講述；在青春期間，則應當進行非迷信的道德教育，應當教育青年男女，若非雙方情願，性交在任何情況下都不正當，而這與教會的訓誡恰好相反。

教會認為，只要雙方已婚配，而且男方希望再要一子，無論女方何等不情願，性交都是正當。應當教育青年男女相互尊重對方的自由，使他們認識到，任何人都沒有支配對方的權利，嫉妒和占有欲會毀滅愛情。應當教育他們，生兒育女是一件大事，只有當孩子能獲得健康、良好的環境和養育時，才決定生育。但是，也應當教會他們節制生育的方法，以確保生育是他們的意願。最後，應該使他們懂得花柳病的危險以及預防和治療的方法。

若照此方式進行性教育，可望相當程度增進人類的幸福。

金錢的崇拜

關於金錢，羅素認為，問題不是那種想以金錢達到某個目標，一個奮鬥的藝術家賺錢的目的，可能是想自由自在地從事藝術，但這樣的願望是有限的，只要賺到一點錢就可以完全滿足。換言之，合理的金錢願望是應該的，也是必須的。羅素所反對的金錢的崇拜，指的是一種信仰，即認為一切價值都要用金錢衡量，金錢是人生成功與否的唯一尺度。毫無疑問羅素是正確的，對於金錢，我們每一個人都應該正確的認識。

羅素指出，所謂金錢崇拜指的是一種信仰，即認為一切價值都要用金錢來衡量，金錢是人生成功與否的唯一尺度。

生活中，許多人嘴裡不說，事實上卻存在著這種信仰，然而這與人的本性並不一致，因為它忽視了生命的需要，也忽視了對於某種特殊生長的本能傾向，它使人認為和取得金錢無關的願望並不重要，但其實這些願望，對於人的幸福更為重要。它以一種關於成功的錯誤理論，引導人們殘害自己的本性，使人們的品格和目標趨於一致，減少了人生的快樂，增加了緊張感，使整個社會變得消極、厭倦、缺乏幻想。

在美國，金錢崇拜以最全面的形式表現出來：一個有錢的美國人，他已經擁有許多金錢，可以滿足其一切合理的需要，但他往往在辦公室繼續賣力地工作，好像工作是他生活唯一的目的一樣。

在英國的金錢崇拜，一般而言不是無限制的增加收入，而採取了另外一種方式，即勢利地想維持一定的社會地位：

男人延遲結婚，直到他們認為家中房間與傭人的數目能與自己的尊嚴相稱，因此他們年輕時就需要注意自己的感情，避免輕率。在他們看來，要一個女人下嫁一個門第不如她家的男人，是一件難事；而男人若娶了門第不相當的女人也會降低自己的身分。同樣，女人們也受到了謹慎的教導，唯恐降低了她們的社會地位，而且從小就浸染了一種思想，認為青年女子不應該擁有強烈的感情。但本性不應該以金錢來衡量價值，一個男子或一個女子用若干年約束自己的感情，或與異性有了自以為「卑鄙」的關係，必然使感情的力量消失。所以這樣的男女結合起來，即使過著平穩的生活，但他們對於應該知道的事情卻一無所知，因為他們懼怕社會地位降低，從而把自己拘束起來。

那些引導人延遲結婚的動機，同樣也限制了他們的生育。許多人願意將孩子送到公立學校，雖然得到的教育並不比拉丁語學校更優秀，而且更容易結交壞同伴，但勢利觀點卻認為公立學校最好，因為費用高昂，而同樣的情況表現在不同形式裡，幾乎一切階級都有這個現象。為了這個目標，人們在道德上做了很大的努力，而且表現了驚人的自制力。但一切努力和自制並不是出於創造的目的，只是讓內心生活的泉源乾涸，變得軟弱、無精打采和平庸。在這樣的土壤裡無法培養出天才的激情，金錢崇拜使人不會想變得偉大。

在法國，金錢崇拜採取了節約的形式。在法國不容易發財，但很可能得到一筆遺產，凡有遺產的人，生活的主要目標便是守住遺產以傳給下一代，即使不能增加，也應當沒有減少。依照法國的《繼承法》，必須為女兒準備一筆出嫁費，並將遺產分給下一代，所以法國家庭就制度而言，比其他文明國家的家庭更有力量。為了使家庭繁榮，個別成員往往需要為家庭犧牲，為了傳宗接代使人變得膽小而不敢冒險。由於家庭的影響，家庭的力量成為一個國家的弱點，使人口不變，甚至還在減少。

在德國，金錢崇拜比美國、英國、法國晚出現，在普法戰爭之前幾乎不存在。而羅素認為，現在也正以同樣的深度存在，因為德國人在信仰方面都表現出這種態度。但德國也有自己的特點：在法國，金錢崇拜與家庭結合；而在德國，金錢崇拜與國家結合。許多德國人認為，在考慮經濟時應以國家為前提，所以一個德國人從事工商業，他自己以及他身邊的人都認為，他是在為國家服務。雖然表現不同，但歸根究柢是對財富的無限崇拜。

金錢崇拜並不是什麼新鮮的事，但現在它比以往更加猖狂，羅素為我們指出了以下幾個原因：

工業制度，由於從事的人是為了金錢，從而更易厭倦工作，更加緊張，更不能給人快樂、使人產生興趣。

限制家庭的力量，為實行節約而開闢了新園地。

教育和自覺紀律的普遍增長，使人們更能抗拒誘惑，堅定地追求某一目標；而當這一目標與生活相違背時，採取這個目標的人越堅決，它的危害也就越大。

由於工業制度得到了較大的生產力，使我們能夠把更多的勞動和資本用於軍隊，保護我們的財富、防止鄰國覬覦，或剝削所謂的劣等民族。

由於懼怕失去金錢，使人有了更多的憂慮和煩惱，使人把獲得幸福的能力消耗殆盡。而且對遭受不幸的懼怕，比起不幸本身而言更為可怕。

總之，我們都可以用自己的經驗證明：不論男女，最快樂的人是不關心金錢的人，因為他們都有某些積極的目標。

人的無窮的欲望

蟒蛇一旦享用豐盛的一餐後便開始睡眠，除非下一餐到來，否則牠絕不會醒來——絕大多數人類卻並非如此。

當習慣於節儉生活的阿拉伯人，獲得了東羅馬帝國的大筆財富、住進無比豪華的宮殿後，他們並沒有因此而變得懶惰。溫飽問題不再是動機，因為只要他們一點頭，希臘奴隸就會為他們提供精美的食物，是其他欲望使他們生機勃勃。羅素指出，特別是四個欲望，即貪婪、競爭、虛榮和權力欲。

一、貪婪

貪婪是一種動機，即希望擁有盡可能多的財富或財富控制權，這種貪婪是由對生活必需品的需求和擔憂所引起。

舉例來說，羅素曾幫助兩個由於饑荒逃難的小女孩，她們住在羅素家裡，擁有足夠的食物，但她們閒暇時會到農場偷馬鈴薯，並儲存起來；洛克斐勒小時候極其貧窮，而即使成名後依舊按照小時候的方式生活；坐在柔軟沙發上的阿拉伯酋長們，他們仍不能忘記沙漠，因而會去尋求超出實際需求的財富。

毫無疑問，貪婪是不滿足巨大的動機之一，在那些有影響力的人尤其如此。

二、競爭

儘管對財富的渴望是資本主義制度的主要動機，但它絕不是在解決溫飽問題過程上最主要的動機，比它更重要的動機是競爭。

在伊斯蘭教史上，一個又一個朝代相繼滅亡，這是由於伊斯蘭的最高統治者蘇丹同父異母的兒子們不能和睦相處，結果內戰毀滅了一切；當英國政府非常不明智地允許羅馬帝國的皇帝，出席斯皮特黑德海峽的海軍檢閱儀式時，羅馬皇帝便有了自己的想法：「我必須擁有一支像英國一樣強大的海軍隊伍。」結果英國的許多麻煩隨之而來。

如果競爭比貪婪更為強烈，世界將會因此變成不幸的地方。

三、虛榮

虛榮是一種有巨大潛力的動機，是人們內心深處最重要的欲望，它的表現形式多種多樣。

孩子喜歡不斷表演一些滑稽動作，並說「看看我、看看我」，這便是虛榮的重要表現。文藝復興時期有一位義大利的小諸侯，臨終時神父問他是否有需要懺悔的事，他說：「有一件事我得懺悔：有一次，國王和教皇來拜訪我，我帶他們到塔頂觀賞風景，我卻沒想到要將他們從塔頂推下去，要知道，這個機會能給我留下不朽的名聲。」

虛榮帶來的問題之一，便是不斷自我膨脹，因為你越被人談論，就越希望能被更多人談論。政客和文人越有名，報刊新聞機構就越難以令他們滿意，就連被定罪的人也是如此。若他被允許看有關審判的報導，如果他發現報紙沒有充分報導，他就會感到不滿；而如果大部分報紙對於他的審判都大幅報導，他就會對較少報導他的報紙感到不滿。

從三歲小孩到權傾天下的君主，幾乎所有人在所有領域，都逃脫不了虛榮的影響。

四、權力欲

權力欲是一種比貪婪、競爭、虛榮更重要的動機，它近似於虛榮，但也有所區別。

滿足虛榮心的是榮譽，而擁有榮譽卻不擁有權力是一件常見的事情：在美國，享有最大榮譽的是那些電影明星，但是，不享有任何榮譽的「眾議院非美活動調查委員會」卻能使他們循規蹈矩；在英國，國王比首相擁有更多榮譽，但首相卻比國王擁有更大的權力。許多人愛榮譽而不愛權力，但總體而言，這些人對歷史事件的影響比那些愛權力的人小得多。

權力和虛榮一樣是貪得無厭、無法被滿足的，特別是那些野心勃勃的人，權力欲是他們強而有力的動機。

與虛榮不同的是，對權力的體驗加強了這種權力欲動機，這不僅適用於那些細小的權力，也適用於君主的權力。在君主權力中，那些富有的夫人擁有許多僕人，她們從對僕人的頤指氣使中獲得的快樂，隨年齡增長而增加。在任何專制統治地區，權力擁有者由於權力提供的快樂體驗，變得越來越殘暴。

在權力欲這一動機的驅使下，人更熱衷於施加痛苦，而不是使人快樂。如果你在一些正當時候，向老闆請假離開辦公室，他就能從拒絕中得到更大的權力欲滿足；如果你申請建築許可證，那些相關的低階官員明顯能從「不行」中獲得更多快樂。正是如此，權力欲成為一種危險的動機。

除此之外，羅素認為，權力欲也有吸引人的其他方面：對知識的追求主要是由權力欲所推動，科技的進步也一樣，而政治改革者或許和專制君主一樣有強烈的權力欲。在這種動機的驅使下，你是做好事還是壞事，決定於社會制度與個人能力。總之，詆毀權力欲這一動機是錯誤的。

某種程度活躍的壞心

對敵手惡意誹謗，以損害對方名譽；別人遭至災禍，自己卻暗自高興；傳播和聽信別人的醜聞，使自己滿心歡喜，諸如此類，都是人們擁有壞心的表現。羅素告訴我們，壞心是人性最壞的特徵之一，是改良世界的阻礙，而我們必須正視它、改變它。

羅素認為，我們身上存在著某種程度活躍的壞心，即對特定敵人的特定惡意以及對他人不幸的竊喜。這種壞心的表現形式多種多樣：人們傳播、聽信醜聞時的歡心；虐待犯人，雖然已證明改善犯人待遇可以獲得更好的教化效果;白人對黑人令人難以置信的野蠻;以及歐戰期間,老婦人和教士向青年津津樂道服兵役的事情。

那該如何避免這種壞心呢?羅素認為,分為社會的原因與生理的原因。

一、社會的原因

我們的世界,是以你死我活的競爭為根據。大多數人心靈深處都對毀滅懷有無法消除的恐懼:富人害怕失去財富,窮人擔心失業或生病。每一個人都在瘋狂追求「安全」,並以為只有制服潛在敵人才能達到目的。由此,產生壞心也就不難理解了。

所以,防止恐懼應當是科學的道德家主要關心的事情,這可以從兩方面著手:增加安全和培養勇氣。需要指出的是,我們所說的恐怖是一種不合理的情感,而不是對可能不幸的合理預見。當劇院失火時,有理智的人對於災難的預見,與驚慌失措的人一樣清楚,但他們採取的方法通常能減少損失,而那些驚慌失措的人則可能增加損失。對於理智的人而言,支配他們的是希望,而不是恐怖。因此如果我們要重新進步,就必須重新被希望支配。

凡是能夠增加安全的東西，或許都能減少殘酷，這適用於防止戰爭、防止貧困、透過改善醫療衛生條件增進健康，也適用於以種種方式減少那種潛伏在人心深處噩夢般的恐怖；然而，以一部分人的犧牲換取另一部分人安全的企圖，如資本家以勞動者作為犧牲、白種人以黑種人作為犧牲、法國人以德國人作為犧牲等，則毫無益處。這樣的方式只會增加統治集團的恐怖，因為他們擔心正義的憤怒會導致被壓迫者的反抗。只有正義才能產生安全，但「正義」指的是承認全人類擁有平等的權利。

除了旨在獲得安全的社會變革外，還有一種能減少恐怖更為直接的方法，即增加勇氣的社會制度。一直以來，勇氣被認為是貴族的特權，統治階級的勇氣的每一次增加，都相應地增加了被壓迫者的負擔，並因此萌生了壓迫者恐怖的根源，以致殘暴始終存在。勇氣必須民主化，才能使人變得人道，而現在勇氣已經民主化了許多。那些從事婦女參政運動的婦女表明，她們的勇氣絕不亞於最勇敢的男人。在歐洲戰爭中，普通士兵所需要的勇氣與尉官一樣多，而且遠在將軍之上，這與他們退伍後的不屈從很有關係。無產階級先鋒隊的布爾什維克，的確不乏勇氣，且不論他們在其他方面如何，他們在革命前的經歷已經證明了一切。如今，勇氣已不再是貴族的專利，倘若情況不是如此，民主勢必面臨比現在大得多的危險。

然而，戰鬥中的勇氣絕不是勇氣的唯一形式，或許也不是最重要的形式。除此之外，還有面對貧窮的勇氣、面對嘲笑的勇氣、面對被敵視的勇氣。所有這些勇氣，連最勇敢的士兵也往往少得可憐。而首要的是，面臨危險時的冷靜而理智思考的勇氣，以及控制無謂的的恐懼或憤怒的衝動的勇氣。這些無疑是教育可以獲得的東西。各種勇氣的培養，會由於良好的健康、強壯的體魄、充足的營養以及生命基本衝動地自由發洩，而變得較為容易。我們可以在增加勇氣方面做許多事情，如歷險、體育和恰當的飲食。毫無疑問，當以上這些變得普遍化時，民主政治也就能最終實現。

二、生理的原因

恐怖並不是壞心的唯一來源，嫉妒和挫折也能產生壞心。眾所周知，生理的缺憾所產生的嫉妒是惡意的來源，但其他不幸也會產生類似的結果。在性方面受挫的男人或女人往往嫉妒心極強，這通常採取對較幸運者道德譴責的形式體現。革命的動力大都源於對富人的嫉妒；老人常常嫉妒青年，而當他們嫉妒時，他們易於虐待青年。

羅素認為，沒有辦法對付嫉妒，除非使嫉妒者的生活變得更愉快和充實，並在青年時代提倡集體創業的思想，而不是鼓勵競爭。最可怕的嫉妒形式存留於那些在婚姻、子女或事業方面不如意的人身上，這類不幸在較好的社會制度下大都可以避免，但我們也應當承認，還會殘存一些嫉妒。歷史上有許多將軍之間彼此嫉妒的先例，他們寧可戰敗，也不願增加對方的聲譽；同一黨派的兩名政治家，或同一流派的兩名藝術家，幾乎會相互嫉妒。在這類情形中，似乎只有一個辦法，就是千方百計使競爭者無法傷害對方，勝利只能取決於更優異的成績。畫家對競爭者的嫉妒往往沒有多少危害，因為唯一有效的對付辦法，就是畫出比對方更好的畫，而不太可能毀掉對方的畫。在不可避免的嫉妒時，應當利用它刺激自我努力，而不是阻礙對方的努力。

瞭解了壞心產生的原因，也就可以對症下藥，避免產生這種壞心。壞心是美好人性的大敵，也是改良世界的阻礙，因此，我們每一個人都必須正視、必須努力使之改變。如此，我們便具有了真正的道德，世界也將變得無比美好起來。

行為的改良

羅素以「哲學家」名世，但真正純哲學的著述，尚不及其全部作品的三分之一。他之所以獲得諾貝爾文學獎，不是因為他的哲學與文學本身，而是因為他的作品「對人類道德文化作出了傑出的貢獻」。羅素並不贊同一般道德的觀點，他認為改良人的行為在於多研究、多教育，並不在於不科學的說教與經濟的賞罰。

道德家的目的是改良人們的行為，這是值得稱頌的雄心，因為人們的行為大部分是可嘆的；但是，我們並不讚美道德家所希望的個別改良，和他們為實現這些改良採用的方法。他們表面的方法是道德的告誡，真正的方法卻是經濟的賞罰制度。

前者的影響既不長久，也不重要；自薩佛納羅拉以來，信仰復興運動者的影響總是非常短暫。

後者——賞與罰——卻具有極為可觀的效果。例如：它使得男人寧可臨時嫖妓，也不願有半個永久的情婦，因為他們必須採取最易隱瞞的方式，就造就了大量從事這一種非常危險職業的人，並使花柳病廣為流行。而這些並不是道德家所希望的東西，但因為他們太不科學，故沒注意到這正是自己造成的。

有更好的方法取代這種不科學的說教與行賄的混合物嗎？羅素認為有。人們的行為所以有害，或是由於無知，或是由於不良的欲望。當我們從社會觀點論述「不良的」欲望時，可以定義為有損害他人欲望傾向的欲望，或者更準確地說，損害他人的欲望多於幫助的欲望，源於無知的損害無須詳述；這裡所需要的只是更多的知識，因此改良之路在於多研究和多教育。

科學與幸福

羅素認為，科學在增加人類幸福方面所能做的事情，或許沒有止境：減少人性中我們稱之為「惡」的那些方面；衛生條件得到極大的改善，從而延長了壽命並減少了疾病等。如果把我們已有的知識加以廣泛地應用，將會獲得更多的收益。

羅素指出，雖然現在對我們生活影響最大的是自然科學，但在將來，心理學和生理學的影響很可能遠在自然科學之上。當我們發現性格如何依賴於生理狀況時，只要我們願意，我們就能成為我們稱羨的那種人：智慧、善良、仁慈、藝術能力等，所有這些東西無疑都可以因科學而增加。只要人們明智地利用科學，在創造美好世界方面所能做的事情，幾乎是無止境。

關於科學應用到人生這個問題，存在著一種觀點——這一觀點是那些害怕「不自然」東西的人特有的。在歐洲，盧梭是這一觀點的創始人；在亞洲，老子對這一觀點有動人心弦的闡述，而且比歐洲要早兩千四百多年。羅素認為，他們對於「自然」的讚美，不過是真理和謬誤的混合物，而正確地認識這一問題至關重要。

那什麼東西是「自然的」呢？羅素指出，泛泛而言，就是發言者幼年時習慣的東西：老子反對船舶、車輛和公路，這可能是他出生的地方沒有船舶、車輛和公路；而盧梭對於這些東西則習以為常，因此並不認為它們是違反自然的，但倘若他在有生之年看見鐵路，他無疑會大加指責。服裝和烹飪由來已久，對此大多數提倡自然的人都不會有異議，雖然他們一致反對式樣翻新；節育被那些寬容獨身的人當成犯罪，因為節育違反自然，而獨身則自古就有。所有這些方面，那些提倡「自然」的人都自相矛盾，只能使人把他們視為守舊之士。

然而，他們並非一無是處。比如，維生素的發現使人們復而贊成「自然的」食物；不過，維生素似乎也可由魚肝油提供，這無疑不是人類「自然的」食物。這個例子表明：如果缺少知識，一種違反自然的新做法也許會帶來意想不到的危害，但當那危害被認識到時，往往可以利用某種新的人造物補救。至於我們的自然環境和滿足我們欲望的物質手段，我們認為，有關「自然」的這套理論，除了證明在採取某種新做法時應該謹慎外，並不能證明別的什麼。比如：衣服違反自然，而如果不想讓衣服引起疾病，就需要增加另一種不自然的行為，即洗滌。

關於人類欲望方面的「自然」，我們有更多的話要說：強迫男人、女人或兒童過一種壓抑其最強烈衝動的生活，是殘酷且危險。在這個意義上，依從「自然」的人生再加上某些條件應當被讚許。

最人為的東西莫過於地鐵，但乘地鐵旅行並不會損害兒童的天性；相反，幾乎所有的孩子都覺得這種經歷很愉快。在其他各點都相同的條件下，能夠滿足一般人欲望的人造物便是好的存在。

但是，對於那種為權力或經濟貧困所逼迫的非自然生活方式，則無話可說。毫無疑問，這種生活方式目前在某種程度上還是需要的：假如汽船上沒有司爐，航海將會變得極為困難，但還是設法避免這種崗位為好。

定量的工作不是令人厭惡的事，因為定量的工作比起無所事事，十有八九更能使人愉快；但是，目前大多數人不得不從事的工作，就其種類和數量而言，真是苦不堪言，那種一輩子都擺脫不掉的日常工作更是如此。生活不應管得過嚴或計畫性過強，當我們的衝動無損於他人時，應當得到自由的發洩，應當有冒險的餘地。我們應當尊重人的天性，因為我們的欲望和衝動是幸福的原料。

給人們一些在理論上被視之為「好的」東西是沒有用的；如果我們要增加

他們的幸福，就必須向他們提供所渴望或需要的東西。科學將來或許能使我們的欲望不那麼容易與他人的欲望衝突，我們就能更滿足自己的欲望了。

尊重物質的自然是愚蠢的，物質的自然應當以盡量服務於人類的觀點加以研究，但它在道德上無所謂好壞。在物質的自然和人的天性相互影響的地方，如人口問題，我們無須被動地尊崇，接受戰爭、瘟疫和饑荒為解決人口過剩問題的唯一方法。神學家說：「在此事上，應用科學於這一問題的物質方面是罪惡的，我們應當應用道德於人的方面，並且實行禁欲。」每個人，這些神學家也不例外，都知道他們的勸告無人理睬，撇開這個事實不談，透過避孕來解決人口問題究竟何罪之有？神學家寧可選擇違反人類天性的做法，即使這種做法卓有成效時，會產生不快、嫉妒、迫害的傾向和經常性瘋狂，我們卻更喜歡「違反」物質自然的做法。這個例子表明，我們所應遵循的「自然」的原則，它的應用是何等的含混和不確定。

自然、甚至人性，將越發不復為一種絕對的材料，而逐漸為科學造成的東西取代。科學如果願意，它能使我們的子孫過著美好的生活，方法是授予他們知識、自制力及產生和諧而非爭鬥的品行。當我們能夠像我們控制外界物力那樣控制自己的情感時，我們最終獲得自己所要的幸福。

正派的人

你可曾想到，人們對打獵的樂趣經久不衰，獵物卻戲劇性地由狐狸轉變為人。那些被正派人士譴責的人，是人人得而誅之的獵物；正派人士一聲吆喝，追捕隊便前去圍剿，使被捕者不是身陷囹圄就是死於非命。那正派人士究竟是些怎樣的人呢?他們何以有如此大的威信?這都是本文要解答的問題。

在我們的社會裡，遺老握有大權：他們在教育領域中，卓有成效地維護著維多利亞時代的偽善標準；他們控制著我們稱之為「道德問題」的立法權，因而開創並資助販賣私酒的龐大職業；他們保證為報紙寫稿的青年能表達正派的觀點，而非自己的觀點；他們使許多歡樂繼續存在，而這些歡樂不靠他們維持就會很快因膩煩而結束。

最主要的是，他們使打獵的樂趣經久不衰：在農村的氏族居民中，例如在英國的一個郡裡，人們不允許獵狐，因而獵狐活動的代價就很昂貴，有時甚至是危險的。另外，狐也不可能明白無誤地表達牠們多麼不願意被人追捕。從這方面而言，追捕人類倒是一種更好的遊戲，不過，若不是由於有正派人，就很難心安理得追捕人類。那些被正派人士譴責的人，就是人人得而誅之的獵物；正派人士一聲吆喝，追捕隊便前去圍剿，被捕者不是身陷囹圄就是死於非命。如果被捕者是女人，這場追捕就更有意思，因為這能滿足其他婦女的嫉妒心和男人的虐待欲。

一般而言，正派人都用金錢僱傭人維護世界的治安，因為他們覺得這類事情正派人不應該承擔。此外，另一個正派人不願參與的部分是誹謗、造謠的機構。人們可以憑著花言巧語躋身正派人的行列。如果甲說乙不好，乙也說甲不好，那麼，他們的社會一般就會認為，其中一個人是在履行社會的職責，而另一個人是受了惡欲的驅使，而那個履行社會職責的人就是兩人中的正派者。這樣，學校的女校長便比助理女教師正派，而校董事會的女董事又比她們更正派。針對性很強的謠言極易使受害者失去工作，即使沒有產生這種極端的惡果，也會使人變成不正派的人。

對現實進行改善這種值得稱道的實踐，乃是正派人的主要特徵。神學家認為，對神靈的褻瀆，哪怕是提及那些話都是不正派的。正派人也有類似的想法，只不過他們將神靈換成了自己。

他們試圖確保人們永遠過著麻木不仁、水草般的生活，試圖確保這種人一旦覺醒，就可能遭受誹謗的損害，從而置於正派人的控制之下。他們還盡量減少透過正當途徑瞭解這方面情況的可能性，他們想盡一切辦法，試圖使檢查官查禁那些只有在私下的淫穢場所才會出現的書籍和戲劇。在這一點上，凡在他們控制法律與警察的地方，只要盡心盡力，就能獲得成功。在英國，自從紡織工業蒸蒸日上後，傳教士和棉花貿易之間就建立了緊密的聯盟，因為傳教主教導野蠻人把人體遮住，從而增加人們對紡織品的消費需求。要是人們對自己的身體裸露不感到害羞，棉紡業便會失去這樣賺錢的生意，這個例子說明我們：不必害怕傳播善良品行會減少我們的收益。

發明「赤裸裸的事實」這個詞的人，看到了一種重要的聯繫。「赤裸裸」使一切正直的人深感震驚，「事實」也一樣令人震驚。不管從事何種工作，你不久就會發現：所謂「事實」的這個東西，正派人會阻止它進入良心。

正派人的盛情，這種虛偽的東西也浸染在政治中，只要你想說服任何正派人，他那個黨派的某位政客不過是庸碌之輩，他就會憤怒地拒絕這一意見，因而，政客必須表現得一本正經。一切黨派的政客在多數情況下都會心照不宣地聯合一致，不讓外界瞭解有損於他們職業形象的內幕，因為黨派分歧使政客分裂，但相同的職業感情卻使他們勾結得更緊密。只有如此，正派人才能維持他們想像中的民族偉人形象，才能使學生相信，只有擁有最高尚美德的人，才是偉大的人。當然，在某些特殊的情況下，政治確實令人感到非常痛苦，但總是有人格不夠高尚而卻參與這一行業的政客。

正派人無論在哪裡看到快樂，總是有理由對它抱懷疑的態度，因為他們知道增加學識的人也增加憂愁，就據此推斷增加憂愁的人也增進學識，因此認為自己散發憂愁也就是傳播學識。學識是那樣珍貴，因而他們覺得這樣做就是在造福人類，如此，他們就為自己提供了充足的理由，比如：他們為了相信自己是樂善好施者，便為孩子建造一個遊樂場，然後制定出許多規章制度，結果孩子在遊樂場裡倒不如在大街上玩得痛快；竭力不讓遊樂場、戲院在週末開放，因為週末是人們休息的日子；竭力不讓在職的青年男女交談。正派人的這種態度涉及到生活的每一個方面。

羅素指出，正派人的時代即將過去，有兩件事正在斷送他們的前程。其一，人們相信快樂是無害的，只要別人不會因為自己快樂而遭殃；其二，人們厭惡欺騙，這種厭惡既是道德上的，也是美學上的。這兩種反叛思想被戰爭進一步鼓動，各國正派人都牢牢地控制住各自的青年，以「最高尚道德」的名義誘使他們互相殘殺；戰爭結束後，死裡逃生的人開始懷疑，仇恨引起的謊言和苦難是否真的是最高尚的道德，而恐怕要好一段時間，正派人才能再次誘使他們再度接受自己完全崇高的道德說教。

第二章　自由之路

自由永遠是人類生命中象徵美好的花朵。儘管人們的需求各不相同，但某些基本需求為人類所共有，如對食物、飲料、衣物、健康、住宅、性以及父母關懷的需求。無論自由具體還包括哪些其他的東西，只要上述的任何一種需求沒有得到滿足，人們就不可能獲得自由。對自由而言，所有不會對他人造成危害的快樂，都應得到珍視。

自由的定義

關於「自由」的探討，體現了羅素強烈的社會關懷和正義、良知、睿智、溫情、多姿多彩的博大胸襟。羅素憑藉他豐富的政治經驗和敏銳的人生洞察力，告訴我們，如何才能在存在著政治的現實社會中，實現超越相對的人生自由。

我們必須給「自由」下一個定義，「自由」這一術語具有多種含義，在展開我們有益的討論之前，我們有必要先明確地選取一種。

羅素認為，使用一些極其模糊、抽象的詞意解釋「自由」毫無意義，例如：漢格爾和他的追隨者認為，「真正」的自由在於對警察的服從，當然警察又必須服從於他們的上司。

但這個定義並沒有說明政府在其中扮演的角色，實際上，按照這一定義的邏輯，政府的形象近乎於完美，事實卻並非如此。所以，我們不能滿足於用所謂「真正」的自由充當定義。

以最抽象的意義來定義：「自由」就是不對人們實現欲望的過程，設置任何外部的障礙。根據這一理解，透過提高人們追求目標的能力，或者降低人們期望的水平，都可以達到增加自由的目的。按照這一定義，那些才活不久，便隨著寒冬到來而死去的昆蟲，可以說是領受了最充分的自由，因為牠們不斷隨著氣溫變化而調整著自身的欲望，而不會抱持著那種無法實現的願望。對於人類而言，也可以透過類似的途徑實現自由，例如：如果一個社會群體中的人都懷著牟利的欲望，那麼其中的自由，肯定不如那些成員欲望比較平和的社會群體。因此，調整人的欲望對於自由的增益作用，絲毫不亞於提高人們的行為能力的方式。

羅素指出，人類還遠遠未達成一種共識，即把人性作為一個參數考慮，放到政治中，這是關於「心理動力學」的問題。外部環境為適應人性進行調整，外部環境也改變人性，透過兩者的相互作用，最後達到一種和諧。

一個人突然闖入一個全新的環境，卻發現一點自由都沒有，因為新環境只為那些能夠適應它的人提供自由。因此，我們在探討自由問題時，絕不能忽視一種可能性，即變化的環境會引起變化的欲望，這在某些情況下而言，或許使獲得自由變得更加困難，因為新環境在滿足人們舊欲望的同時，可能又使人們產生了環境無法滿足的新欲望。

工業進步給人們帶來的心理影響很能說明這個問題，因為它使人們不斷產生新需求。或許剛開始一個人會因為買不起汽車而感到不滿，可是要不了多久，他又在為買不起私人飛機而耿耿於懷。人們之所以感到不滿，或許正是因為他們擁有一些尚未意識到的需求，例如：美國人最需要獲得休息，而他們卻尚未意識到這一點，而羅素覺得，這可能正是席捲美國犯罪浪潮的一個重要原因。

社會中的自由

自由之路上存在著兩方面的障礙：物質和社會。打一個不太恰當的比方：一個人若吃不飽，一方面可能是因為沒有生產出足夠的糧食，另一方面還可能是別人阻撓他獲得必需的糧食。羅素指出，社會的存在減少了實現自由的物質障礙，但同時又產生了社會的障礙。關於社會障礙的一系列問題，本文進行了詳細地探討。

我們可以把社會定義為「為共同的目標合作的一群人。」我們認為，要使上述那種最低限度的自由得到保障，在一個社會做到這一點，肯定比魯賓遜待的那個荒島容易。在此，我們打算探討極具普遍性的問題：社會將干涉個人到什麼程度？而這種干涉並非是因為個人的緣故，僅僅是因為社會本身。

首先我們要說的依然是：那些實現自由的最低需求——食物、飲料、衣物、健康、住宅、性以及父母的關懷——應該是高於其他一切需求。

這些最低需求對於人而言，是生存和種族的延續所必需，我們把上述這些東西定義為「必需品」，而把除此以外的叫「安慰品」或「奢侈品」。羅素認為，我們完全有理由剝奪一些人的奢侈享受來滿足另一些人對必需品的需求。這並非政治上的權宜之計，雖然這在一定的時間和社會條件下難以實行，但絕不違背自由的宗旨，因為這些人對必需品的占有，對自由的損害遠遠大於阻止他們過多積累財富。

如果真的允許這樣做，我們將獲得更大的進步。然而，事實又是怎樣的呢?單就健康方面而言，在市鎮議會選舉中，爭論十分激烈的一個問題是：應該在諸如公眾健康、產婦照護、嬰兒福利等事業中投入多少公共資金。統計表明，在這些方面的投入對挽救生命有十分顯著的效果，但往往一個市鎮中，那些有地位的人卻相互勾結，力圖阻止這些方面的開支增長，甚至盡可能削減這方面的費用。換言之，這些人為了享受一頓豐盛的晚餐或擁有一部豪華的轎車，即使把成千上萬的人置於死地也在所不惜。由於這些人控制著所有出版物，因此那些為他們的奢華生活付出沉重代價的人根本無法瞭解真相，毋庸置疑，他們肯定違背了自由的原則。

關於性和父母關懷的問題，我們並不打算討論。因為，在一個一種性別的地位遠遠高於另一種性別的國度裡，很難指望現行制度能夠保障這些權利；況且，人們對於認識這些權利的熱情，遠遠不如對衣食權利的認識。

羅素強調，為了保障所有社會成員對最基本必需品的需求，社會有權力對部分成員的財富進行調整，但羅素並不贊成對那些，並非以犧牲他人為代價而獲得的財富進行干涉。

那麼，對於那些可能是對自由的合理干涉，應做出什麼限制呢？下面我們從心理學的角度做一些論述。

自由之路上存在的障礙，正如我們所看到的那樣，來自兩個方面：物質和社會。打一個不太恰當的比方：一個人吃不飽，一方面可能是因為沒有生產出足夠多的糧食，另一方面可能是因為是別人阻撓他獲得必需的糧食。社會的存在減少了實現自由的物質障礙，但同時又產生了社會的障礙。

如果上述兩種障礙都對自由有直接的損害，那社會障礙引起的危害可能更大，因為它會引起人們內心的憤恨。如果一個男孩想爬上一棵樹，你如果阻止他，他可能會滿腹怨言；但是，如果讓他自己發現確實爬不上去，他可能會因為生理上的不可行而心甘情願。要想防止人怒火傷身，就要允許他做一些有害自身的事情，例如在瘟疫流行時去教堂禱告。為了平息憤怒，政府把不幸歸結為天災；同樣，為了煽起怒火，反對黨總是將不幸指責為人禍。如果麵包價格上漲，政府會將之歸因為收成不好，而反對黨則會斷定有人從中牟利。受到工業主義的影響，人們對於自身的力量越來越自信，他們認為人類在消除天災方面無所不能。社會在某方面出現問題時，這種現代人萬能的迷信，增加了人們的不滿，因為即便是某些人無法左右的因素造成的不幸，人們也不再歸罪於上天了。這使得社會比以前更加難以管理，這也說明了現在的統治階級為什麼特別鍾情於宗教，因為他們希望把那些統治下的犧牲品歸結為上帝的意志，我們也更難為人們最基本的自由辯護。

對社會自由的干涉除了引起人們的憤怒，還有兩點原因，使人們對此感到厭惡。首先是人們並不希望占有別人的福利；其次，他們對別人的利益所在也不太清楚。或許從根本上而言，這兩點可以合二為一，因為如果我們真想占有別人的財富，通常得先明確知道他們需要和看重的是什麼。無論如何，不管人們是惡意地還是無意對他人構成傷害，實際效果都是一樣。因此如果把兩者放在一起考察，幾乎任何個人或階級都值得信任，可以把別人的權益委託給他，於是這成為支持民主的一個基本論據。但是，在現代國家中，民主的執行必須透過官僚機構，因此它與個人的距離由於各種阻隔變得十分遙遠。掌握在官僚手中的民主可能十分危險，因為這些官僚總是坐在辦公室裡，遠離命繫於他們的人民。可以把教育作為一個例子：整體來說，教師由於與孩子們接觸較多，能夠理解、關心他們，但教師卻受到官僚的支配，而這些官僚缺乏實際體驗，只是把孩子看成是煩人的小不點，因此，官僚對教師自由的干涉基本上是有害的。在所有的事情中都是這樣——權力掌握在控制資金的人手裡，而不是在資金投入到事業本身的人手裡。因此整體來說，無論有意還是無意，當權者掌握的權力越小，行使權力的效果就越好。

當然，單純壓縮政府不可能增進自由，因為人們之間的欲望多數情況下並不相容，因此，無政府主義者對於強者而言意味著奴役。如果沒有政府的控制，現在的全球人口可能是目前的十倍。這種無政府主義給人造成的物質奴役，可能比正常情況形成的社會奴役還要可怕。因此，我們要考慮的不是在無政府的情況下該怎麼辦，而是思考在保證政府的優點的情況下，如何將它對自由的不良干預限制在最小的範圍內。這是一個十分複雜的問題，還涉及到資本主義與社會主義之間的爭論，不過這也是老生常談的問題了，我們不想再多說。

我們只想強調，在這類關於自由的問題中，區別兩類財富是最重要的：一類財富的獲得必須以犧牲他人為代價，而另一類財富的取得則不代表別人的喪失。如果誰攫取了超過公平份額的食物，那麼，可能會有其他人不得不挨餓；但是，如果誰掌握了非同凡響大量的數學知識，則不會對任何人造成傷害，除非是他獨占了別人的教育機會。還有一點需要指出的是：像食物、住所這類東西都是生活必需品，對於它們的需求在人與人之間不會有太大區別，也不會引發太多的爭論。因此，這比較適合於政府透過民主制度採取措施。在這類事務中，公平將是統領一切的首要原則。在現代民主社會中，公平意味著平等，但在這樣一個等級森嚴、下層階級和上層階級都默認的社會裡，談不上什麼平等。因此，我們把「平等」定義為「引起最少嫉妒的安排」。在那種不具迷信色彩的社會裡，這意味著平等；但在那種對社會不平等固執己見的社會裡，可能不這麼認為。

然而，在思想主張、科學知識、文化藝術等方面，一個人的占有並不需要以犧牲他人為代價。而且在這些領域中，利益的界線也是模糊的。在思想主張的問題上，自由競爭是達到真知的唯一途徑。在經濟學領域喊了多年，關於自由的口號似乎用錯地方，它真正適用的地方應當在精神領域。我們想在思想上而非商業中開展自由競爭，但困難在於，由於商業上的自由競爭已經名存實亡，那些勝利者正企圖在精神和道德領域運用他們的經濟力量，把所謂合乎正道的生活方式和思想作為賺取生活的條件，強加於人們。

這是不幸的，因為「合乎正道的生活」就是偽善，「合乎正道的思想」就是愚昧！現在我們面臨的一個十分嚴重的危險，就是精神和道德上每取得一個進步，都會受到來自經濟方面令人難以忍受的侵擾。只要一個人的行為不是直接地、明顯地、不容置疑地侵害了他人，那麼他的自由就應當得到尊重，否則只會造就一個因循守舊的社會，這種危害實實在在存在，並難以消除。我們所要追求的自由不是壓制別人權利，而是在不妨礙他人的前提下，自由生活和思考。

思想的自由

環球旅行實在是危險之舉，如果一個穆斯林或一個托爾斯泰主義者，一個布爾什維克或基督徒要做這件事，在某種程度上就會變成一個罪犯，或者對自認為是真理的東西保持沉默。如此，環球旅行只適用於那些出身卑微的三等艙乘客，只要他們不惹是生非、不令人反感就行。之所以出現這樣奇怪、荒謬的情況，羅素告訴我們，完全是由於我們沒有真正思考自由的緣故。

什麼是「思想自由」？這一表述有兩層含義。

從狹義上而言，它是指那種不受傳統宗教教條束縛的思想。換言之，如果一個人既不是基督徒，也不是佛教徒，既不是穆斯林，也不是某個繼承了正統觀念的組織成員，他就被認為是思想自由者。基督教國家的人，如果不篤信上帝，那就可以稱之為思想自由者，雖然這在佛教國家還算不上什麼思想自由。羅素認為，自己就是任何一個宗教的叛逆者，因而並不相信宗教信仰是一種永恆的力量。雖然宗教在某些時候也能有一些好的影響，但那只是人類理性的初始階段，一個隨著人類發展正日漸失去的階段。

也存在一種廣義上的「思想自由」，羅素指出，它比狹義的思想自由更為重要。實際上，傳統宗教的危害歸根究柢是由於它廣義上阻滯了思想自由；然而，廣義的思想自由並不那麼好定義，但有必要花點時間揭示它的實質。

羅素指出，當思想不受時常出現的外部束縛制約時，它才是自由；換言之，一旦思想自由，束縛就斷然不會存在。這些束縛有些昭然若揭，有些則微妙而難以捉摸。

我們先來討論最明顯的那類束縛：當我們對某種事情表示信任或不信任時，或對某些觀點贊同或不贊同時，如果由此而招致了法律制裁，思想就是不自由，而在羅素看來，世界上有這種自由的國家寥寥無幾：在英國，按照《褻瀆法》的規定，宣布不信仰基督教、散布耶穌不抵抗的說法都是違法的。所以，一個人如果不想當囚犯，就必須表明自己是耶穌的忠誠信徒；在美國，一個人如果要想踏上美國國土，就必須事先鄭重聲明他是反對多婚制和無政府主義，還必須放棄共產主義信仰；在日本，向天皇的神權提出挑戰是違法的。

很明顯，要做到思想自由，最基本的條件是不會因觀點不同而遭致法律制裁，但還沒有任何一個偉大的國家能做到這一點，雖然許多國家都認為自己已經實現。

然而，在現代社會中，法律懲罰還不是最大的障礙，比它更大的還有兩個阻礙：經濟懲罰和證據歪曲。顯而易見，如果因為表白了某種信仰而威脅到生命安全，思想就不能說是自由。

羅素以他親身的經歷為例說明了這一點：那時，羅素應劍橋大學三一學院的邀請，在那裡做一名講師，但不是特別會員。是否是特別會員的區別，不在於錢財的多少，而在於特別會員在學院當局享有發言權，而且只要沒有嚴重傷風敗俗的行為，在會員期內不會被辭退。羅素之所以不被接納為特別會員，是因為教士派會員不想增加反教會派成員的選票。結果是：當教士派在一九一六年厭棄了羅素的反戰觀點時，就毫不遲疑地將他辭退了。而如果不是羅素還有點積蓄，恐怕早就餓死了。

可以說，當各種信仰可以自由競爭時，思想就是自由的，換言之，當各種信仰能夠各抒己見，且不受法律懲罰或經濟制裁時，思想就是自由。但由於種種原因，這只能是一個永遠不能完全實現的理想，不過要想向這一理想邁進一大步，卻是有可能。

從前威廉．詹姆斯常常宣揚「願意相信」；而在羅素看來，應該宣揚的是「願意懷疑」。沒有什麼信條是絕對正確，一切信仰都籠罩著或濃或淡、不明確和錯誤的陰影。提高信仰真實度的方法很多，包括聽取各方意見、盡心盡力地證實相關證據，為避免所持觀點的偏頗，與持有相反意見的人辯論，並且培養隨時拋棄理由不充分的假設的習慣。這些方法在科學中得到實踐，同時也建立了科學知識體系。只要一個科學工作者持有真正科學的世界觀，他就會承認：隨著新事物被發現，現在作為科學知識的東西遲早會得到修正。科學界是唯一能夠發現近似真知東西的領域，而人們對它的態度猶豫不決，但這種嚴肅、不為教條左右的接受觀點，正是對待科學的正確態度。

與科學相反，在宗教界和政界，還沒有什麼科學的東西；儘管如此，人們還是認為，持有正統觀點，以饑餓、監禁和戰爭相威脅，並謹慎地避開與任何不同觀點的爭論，是天經地義的事情。如果人們能對這些問題提出疑問，作一番不可知論式的思考，就可以根除現代世界十之八九的罪惡。如果戰爭雙方認識到彼此的錯誤，就不可能爆發戰爭，教育將有利於開發智力，而不是使智力萎縮。讓一個人做某項工作，是由於他適宜做這項工作，而不是因為他趨從了當權者荒謬的教條。如果可能的話，僅是合理的懷疑，就足以創造一個太平盛世。

自由人的禮讚

放棄為個人幸福而做的爭鬥，摒除短暫欲望的一切渴求，熱情為永恆之物而燃燒——這就是解放，這就是自由人的崇拜。這種自由是透過對命運的思考而實現，因為命運本身已被心靈征服，而心靈已被時間的煉火淨化得純潔無瑕。

古往今來所有努力、所有熱誠、所有靈感、所有如日中天的人類天才，都注定要在太陽系無邊無際的死寂中滅絕，而整個人類成就的殿堂，將無可避免地被埋葬在宇宙毀滅後的瓦礫塵埃下。

儘管死亡是自然控制力的代表，但人仍然是自由，人在他稍縱即逝的有生之年，去審視、批判、認知、並且在幻想中去創造。在他所知道的世界中，這種自由屬他獨有；在這種自由中，他優越於控制外在生活不可抗拒的力量。

人作為具有善惡觀念的存在物，時刻面臨抉擇：我們應該崇拜權力，還是崇拜善？我們的上帝存在並且是惡的嗎？或者他應該看作是我們自身良心的創造？

假如權力是壞的，就像它看起來的一樣的邪惡，就讓我們完全抵制它，在這種拒絕中體現了人類真正的自由，只崇拜由於對善的熱愛而創造的上帝，只尊敬激勵我們洞察生命美好瞬間的天堂。在行動上、欲望上，我們必須屈服於外在力量的專橫暴虐；但在思想上、渴望上，我們是自由的，不受任何的約束，甚至在生命旅程面對死亡的暴虐時也保持著自由。那麼，就讓我們領會信念的力量，它能使我們在美好的憧憬中繼續生活，讓我們永遠以美好的想像為前導，將行動下降到現實世界中。

當事實與理想的背離變得明顯可見時，一種激烈的反抗精神，一種激烈的對神的憎惡，似乎是對自由的必要肯定。以普羅米修斯的堅韌去蔑視充滿敵意的宇宙，永遠認清宇宙的罪並永遠主動憎惡它，以此拒絕權力的惡意可能創造的任何歡愉，這顯然是不願在命運面前低頭的人的責任。然而，憤慨依然是一種拘束，因為它迫使我們的思想被一個邪惡的世界所占據。憤怒是我們思想的一種屈服，但不是欲望的屈服。由智慧構成的自由建立在欲望屈服的基礎上，而不是建立在思想屈從上。從欲望屈服中產生了忍讓的美德，從思想自由中產生藝術、哲學和美的想像世界，由此，我們終於征服了這個令人生厭的世界。但是，美的想像只能存在於無拘無束的沉思中，只能存在於不被熱切期望重壓的思想中。因此，只有那些不再要求生活給予自己任何好處的人，才能獲得自由，因為好處會隨著時間流逝而改變。

必須承認，在我們所欲求的事物中，儘管有些被證明為是不可能的，但仍然是實在的善的事物；另一些被我們熱烈企盼的事物，無論如何不能構成完全純淨的理想的一部分。必須放棄的信念是壞的信念，儘管有時是錯誤的，但比起不受抑制的熱情想像所造成的錯誤要小得多；宗教教條，透過提供一種證明它永遠不會錯的理由，並由於它發現了許多嚴正的真理而成為淨化我們希望的手段。

然而，在順從中有一種更進一層的善的因素：即使在實在的善不能獲得時，也不該煩躁地欲求它們。對每個人而言，偉大的自我克制或早或遲都會光臨。對年輕人而言，沒有什麼目的是不可達到的，他們相信以熱忱意志的全部力量追求美好的事物必能成功。但我們必須明白，由於死亡、疾病、貧困或責任之聲的存在，世界並非為我們而設計；即便如此，無論如何美好的事物還是我們渴求之物，儘管命運可能阻止它們。當不幸降臨時，我們要有勇氣去忍受，而不是去抱怨我們希望的破滅，我們要遠離思想上的徒勞無益的悔恨。這種順從於力量的程度，不僅正當而且正確，且恰是智慧之門。

與大自然的力量比較起來，人的生命確實是微不足道的東西。奴隸注定要崇拜時間、命運和死亡，而自然比奴隸能在自身中發現的任何東西都要更偉大，因為奴隸所考慮的一切都是被自然毀滅；而儘管自然如此偉大，但人類偉大地思考自然、感受自然沒有熱情的光輝，則更為偉大。這種思想使我們成為自由的人，我們不再奴隸式的屈從於無可避免的命運前，而是吸取它，使自然成為我們的一部分。放棄為個人幸福的爭鬥，摒除短暫欲望的一切渴求，熱情為永恆之物而燃燒——這就是解放，這就是自由人的崇拜。這種自由是透過對命運的思考而實現，因為命運本身已被心靈征服，而心靈已被時間的煉火淨化得純潔無瑕。

自由人以最堅固的紐帶，使自己與人類同胞聯合在一起，由此他發現一種新景象總是伴隨著他，愛之光輝照射在他每一件日常事務中。人的生命是一場穿越黑夜的漫長的行程，而這漫長征途的四周潛伏著敵人，人受到疲憊和痛苦的煎熬，朝著一個很少人想達到的目的前進，從沒有人在那裡長期停駐。當他行進時，由於被無限強大的死亡無聲的命令，朋友一個接一個地從視野中消失。我們能夠幫助他們的時間極其短暫，但仍有責任在他們的征途中灑播陽光，以同情的慰藉來減輕他們的痛苦，給予他們永不怠倦的、純潔歡樂的愛，增強逐漸衰頹的勇氣，在絕望的時刻灌輸信念。不要用惡意的標準衡量他們的功過得失，而只考慮他們的悲哀和痛苦；讓我們記住，他們是同一個黑暗環境中的難友，都是同一齣悲劇中的演員。因此，當他們的生命歷程結束時，當他們的善惡由於過去的不朽而變成永恆時，我們能感受到他們在哪裡受苦、在哪裡失敗，即使不是我們的行為使他們痛苦和失敗。但無論在哪，聖火的火花照亮在他們心中，我們準備鼓勵、同情他們，用勇敢的話語激起他們高昂的勇氣。

人的生命短促而脆弱，緩慢而已注定的命運使他和同伴陷入無情和黑暗之中，對善和惡的盲目，對毀滅的不在乎，無窮的困難橫亙於人生之路。對人而言，今天被判定要失去至愛的人，明天注定要穿越黑暗之門，在此唯一值得追求的是：在橫禍來臨之前，他擁有能使自己短暫的生命歷程變得高尚的崇高思想。鄙棄成為命運奴隸的懦弱恐懼，崇拜自己建立起的聖地；不因機遇的主宰而喪氣，從統治外在生活的專橫暴虐中解放，而保有心靈；驕傲地向那暫時容忍他的知識和判定自己不可抗拒的力量挑戰，像疲倦而又不屈的阿特拉斯（傳說被罰用雙肩在世界極西處頂天的巨人），獨自支撐以自己理想塑造的世界，而不顧無意識力量的踐踏，勇敢行進。

生活本不該這樣

在大多數人的日常生活中，恐懼比希望占據更大的比重：他們擔心別人會奪走自己的所有物時候較多，而考慮如何自己也為他人的生活帶來快樂的時候較少。生活本不該這樣。那真正幸福的生活又是怎樣的呢？羅素指出，那種不為占有只求創造精神主導下的生活，是福音書和世界上所有偉大的先哲們所倡導。如果所有人都能鼓起勇氣，並不顧一切挫折和障礙堅持這種生活方式，那世界將因此而變得無比美好。

那些其生活對自己、對朋友、對世界都有益處的人，是為快樂所支撐、為希望所激發的人。他們在處理私人關係時，從不為可能失去他人的敬愛和尊重而掛懷；他們從不奢求回報，而只在付出愛和尊重；他們工作時，不會受嫉妒心所驅使，而只關心什麼事是必須做的；他們在政治上，不會耗費時間來為自己的階級、自己的國家辯護，他們的目標只在於讓整個世界更幸福，讓殘忍、利欲之事更少，讓更多的人擺脫壓迫，自由發展。

在這種不為占有、只求創造的精神主導下的生活，包含一種真正的幸福，這種幸福任何不利的環境都不能將它奪走。這種生活方式是福音書和世界上偉大的先哲所倡導。那些找到這種生活方式的人，不再懼怕任何東西，因為他們生活中最看重的事情並不受制於任何外在的力量。如果所有的人都能鼓起勇氣，並不顧一切挫折和障礙堅持這種生活方式，那世界的變革就不需要從政治和經濟開始，因為個人的道德已經發生了變革，政治和經濟的變革會隨之毫無阻礙地發生。然而，事實並非如此，生活中很少有人能夠穿透自己表面的遭遇，而看到那來自於信仰和創造性希望的內大的快樂。就一般人而言，要克服恐懼心理，僅僅依靠面對不幸的勇氣還不夠，還必須根除造成恐懼心理的原因，把美好的生活不再看作世俗意義上不成功的生活。

如果我們認真地審視生活，我們就會發現，生活中的罪惡大致有以下三類：第一類，物質方面的罪惡，如難以維持生計、疼痛、死亡等；第二類，性格方面的罪惡，如無知、脾氣暴躁、缺少意志力等；第三類，權力方面的罪惡，如暴政、借助暴力或教育中的過度灌輸而形成的對自由發展的干涉等。

這三種罪惡並不是涇渭分明的。

純粹物質的罪惡，我們永遠無法確定是否達到了它：我們無法讓土地自己生產出大量的糧食，但我們可以減少勞動量、改進勞動條件，直至勞動不再成為一種罪惡；我們無法完全阻止疼痛，但我們可以透過讓每個人都過上健康生活來無限地減輕它；我們無法消除死亡，但我們可以借助科學使我們更加長壽。

性格罪惡常常是以疾病形式出現的物質罪惡的一種結果，更常見的是作為權力罪惡的結果，因為暴政不但使施暴者墮落，通常也使受害者墮落。

權力罪惡被那些掌權者的性格罪惡加強了。

由於上述原因，這三種罪惡是相互重疊在一起。儘管如此，我們仍可以把不幸分為以下三類：由物質世界所引起的不幸；由於我們自身的缺陷所引起的不幸；由於受制於他人所引起的不幸。

與這些罪惡抗爭的主要方法是：對於物質罪惡，用科學；對於性格罪惡，用教育以及除統治衝動外的所有衝動的自由發洩；對於權力罪惡，用將一個人對另一個人的干涉降低到最低點的政治和經濟組織的改革。

我們將從根除第三種罪惡開始，柯爾先生把這一點闡述得很清楚：

我想問，在我們現代社會裡，什麼是我們首先要消滅的根本罪惡？

對這一問題有兩種可能的回答，而我確信許許多多的好心人都會做出錯誤的那種回答。他們會回答說：是貧困；而他們應當說：是奴役。他們每天看到的都是富貴和貧窮、高利潤和低收入的可恥對比，他們痛苦地看到無論如何也無法透過個人的或公家的慈善活動來求得收入的平等，所以他們毫不猶豫地支持消滅貧困。這一點上許多人都站在他們一邊，但他們對我的問題的回答還是錯誤的。

貧困只是症狀，而奴役才是病根。富與貧這兩極是壓迫和被壓迫這兩極的必然產物。許多人不是因為貧窮才受奴役，而是因為受奴役才貧窮。就是這樣，人們時常還只把眼睛盯在窮人物質生活的悲慘上，卻沒有意識到這乃是奴隸的精神墮落的必然結果。

任何一個明白事理的人都不會懷疑，現存制度下的權力罪惡遠遠多於必需的量，也不會懷疑一種合理的社會制度會大大減少這些罪惡。確實，現在有少數幸運者可以靠租金或利息自由自在地生活。但是，絕大多數的人都淪為金錢的奴隸。幾乎所有人都被迫艱苦勞動，而沒有閒暇去享樂或者於本職工作以外的事。有些人即使在中年以後得以退休，但生活也頗為無聊，因為他們不知道該怎樣打發時間。他們先前也曾有過工作之外的其他愛好，現在早已不存在了：可不管怎麼說他們還算是比較幸運的。大多數人都不得不苦累到老，還經常要在貧窮的威脅下生活。情況稍好一點的又得為子女教育或少不了的醫療費問題而憂愁，情況差的更是提心吊膽地擔心要忍饑挨餓。而且，幾乎所有參加工作的人都對自己的工作沒有發言權，整個工作時間裡，他們就像機器一樣地按老闆的意志轉動著。通常都得在可怕的環境下工作，忍受著痛苦和折磨。工作的唯一動機就是領取薪水：對於把勞動變成像藝術家的創作那樣的一種享受的想法，他們會認為是一種烏托邦式的幻想。

羅素認為，這些罪惡絕大部分都完全可以避免。如果人類的文明中不再去給他製造痛苦轉而為自己謀取幸福，如果人們願意停止那些企圖阻止其他階級或國家的破壞性活動，轉而為自己得以與他人一起享受的進步做一些建設性，那麼在一代之內，就可以把這個決定一切的制度徹底的變革。

理想的世界

在羅素心中有一個理想的世界：在那裡創造精神充滿活力，在那裡生活就是一次充滿了歡樂與希望的歷險，它不再受到保護自己財產並搶占他人所有的欲望的驅使，而由一種進行建設的衝動主導著。這是一個感情不受約束的世界；愛不再帶有任何統治欲望，殘忍與嫉妒將被幸福和一切本能的自由發展所清除。人的所有本能建立起了生活並使生活充滿精神的愉悅。對於理想的世界，我們每個人都有自己的看法，但無論如何，只要是美好的、進步的、充滿希望的，它都值得我們稱讚和思索。

從自由的觀點來看，什麼樣的制度是最好的？我們希望進步的力量朝什麼樣的方向推進？

撇開其他一切因素不管，僅就這一點而言，羅素確信，最好的制度接近於克魯泡特金倡導的那一種，這種制度又由於採納了基爾特社會主義的主要主張變得更加切實可行。

十六歲以前（或更長）實行全民義務教育；過後，由學生自主選擇是否繼續讀下去，但是在二十一歲之前還是免費受教育。接受完教育之後，任何人都不應當被強迫參加勞動，那些不參加勞動的人可以維持生計，而且絕對自由；不過要是有一種贊成勞動的強大輿論就好了，那樣的話，就只有很少一部分人遊手好閒，給不工作的人提供經濟條件的一個很大的好處，就是這樣可以推動社會改善勞動條件。一個社會如果大多數工作都是不能讓人滿意的，就不能說是找到了解決問題的辦法了，羅素認為假定只有很少的人選擇遊手好閒是有根據的；事實上，即使是現在那些每年可以從投資中得到豐厚收入的人，十之八九都是願意賺外快。

現在我們來看看選擇工作的絕大多數人，我們可以假定在科學幫助下，並排除由於國內和國外競爭而導致的大量非生產性工作，每個人每天只要工作四個小時就可以讓全社會的人都感覺舒適了。有經驗的雇主已經說了，工人工作六小時就可以生產出與工作八小時同樣多的產品。在以後科學技術遠遠超過目前水平的社會中，勞動時間就更能縮短了。到了那個時候，人們就不會像現在只會一種技術甚至一種技術的一小部分，而是能掌握幾種技術，可以根據季節和不同的需要而改變工種。每一產業都可以就自己內部事務實行自治，甚至每家工廠都可以自行決定只涉及本廠職業的事情。那裡不再會有資本家管理，而只有那種類似於政治的由推選的代表進行的管理。不同生產組織之間的關係由基爾特代表大會來決定，涉及到居住在某一地區的人們的社會問題仍由議會解決，而議會和基爾特代表大會之間的爭端由一個來自雙方的等數代表組成的機構決定。

報酬也不像現在僅根據實際需要和實際完成工作量來支付，而是根據工作意願來支付。這種制度實際上已在某些收入不菲的工作中實行了：一個人占著某個職位，即使有時碰巧沒事，他仍留在那裡。失業和生計無著落的恐懼不再像噩夢一樣縈繞心頭了。至於所有願意工作的人是不是領取同樣的報酬，或者有特殊技能的人是否領取特殊的報酬，都由各基爾特自行決定。一個與布景師拿同樣多錢的歌劇演員，在這種分配制度改變之前可能也寧願當個布景師：看來，高薪似乎還是應當保留的。不過，假如由基爾特自由投票決定此事，則可能不會引起什麼怨言。

不管我們盡了多大努力去把工作變得讓人滿意，但總會有些行業的工作不那麼令人愉快。可以用高薪水和短工時把人們吸引到這些工作上來。這樣一來，社會就有了一種強烈的經濟動機，來想方設法使這些行業的工作變得更讓人滿意些。

不管我們想像中的社會是什麼樣子，貨幣或者類似的東西都還是必需的。即使是主張全部勞動產品在所有人中間進行無償平均分配的無政府主義計畫，也不能擺脫對某種交換價值標準的需求，因為每個人以什麼樣的形式領取自己的那份酬勞是不盡相同的。例如：在分配奢侈品時，老婦人不會要雪茄，而年輕的先生也不會領一條哈巴狗。這時有必要弄清楚多少雪茄的價值和一條哈巴狗的價值相當。最為簡單的辦法就是像現在一樣，每個人都有自己的收入，讓相對價值可以隨需要的變化而得到調節。

但是，如果發放硬幣的話，有的人就會把它們儲存起來，有朝一日會變成資本家。為阻止這類事情的發生，最好使用一種只能在一定期限內（譬如一年）有效的票券，讓人們可以為每年一度的休假積蓄資金，而不可能長期積蓄下去。

無政府主義者所提出，對所有生活必需品以及可以無限量生產的物品，實行隨要隨給辦法的計畫是有很多依據的。其實，該不該採納這一計畫只是一個純技術性的問題：實行這種方案會不會造成浪費，會不會使本可以用在更有益的工作上的勞動力，都轉移到日用品生產上來呢？我們無法回答這個問題，但隨著生產方法的不斷改進，無政府主義者的這一計畫遲早會變得切實可行：這一天一到來，我們應當毫不猶豫地採納它。

從事家務勞動的婦女，無論結婚與否，都應當像在工廠做工一樣，發給薪水。這將確保妻子們得到完全的經濟獨立，而用任何別的辦法都難以做到，因為不應該要求年幼孩童的媽媽們離開家到外面去工作。

子女的撫養費也不能像現在一樣由父母承擔。他們將像成人一樣，得到生活必需品，他們的教育也是免費的。較聰明的孩子間為爭取獎學金而展開的競爭到那時也不會再有了：他們不會從小就被灌輸爭強好勝的精神，也不會被迫用腦過度，從而導致精力衰退、健康不佳。教育將比今天更加多樣化：盡力適應不同類型的年輕人的需要。天資聰慧的年輕人將得到更多的鼓勵，而不是向他們灌輸符合國家意志的、主要是考慮到有助於維持現狀的一套信仰和思想習慣。對大多數兒童而言，多進行些室外教育會更有益處。對於那些興趣不在科學和藝術上的少男少女，貫穿著自由精神的技術教育，會比那種除了應付考試之外一無所用的書本教育，更能促進他們的心智發展。真正有用的教育是迎合兒童天性的教育，這種教育可以提供給他們有益的知識，而不是違背他們的愛好灌輸他們枯燥乏味、繁瑣凌亂的訊息材料。

在我們的未來社會裡，仍將保留政府和法律，但它們的權力將降低到最低。仍然會有一些行為是禁止的，如殺人，不過，《刑法》中關於保護私人財產的那一部分很可能變得一無所用，導致謀殺的許許多多動機也將不復存在。那些仍然會犯罪的人，將不被治罪，我們把他們當做不幸的人，送到精神醫院裡救治，直到他們不再會對社會構成危險時，就讓他們出院。透過教育、自由和廢除私人財產，犯罪率肯定會大大降低。借助於個別治療法法，一般會確保犯法者以後不會再犯，除非是瘋子和思想不健全者。對於這些人當然需要更長時間的救治，對他們的態度要像對待正常人一樣地仁慈。

可以把政府看作是由兩部分構成的：一個部分是社會或權力機關制定的決議；另一個部分是強迫反對者執行這些決議。無政府主義者並不反對第一部分。第二部分在一般文明國家裡可以完全藏在幕後：那些在對新法律進行討論時持反對意見的人一般在該法律透過以後就服從了，因為在一個穩定有序的社會裡進行反抗是沒有用的。

但是，政府使用武力的可能性還是有的，正因此少數派也就服從了，這反過來又使武力解決成為不必要的了。即使像無政府主義者所要求的，政府不使用武力了，但多數派還會聯合起來以武力壓制少數派。唯一的區別就是他們的軍隊或警察是臨時招集的，而不是常設的和職業化的。結果每個人平時都得參加軍事訓練，以防訓練有素的少數派奪取政府建立一個老式的寡頭政治國家。這樣看來，無政府主義者的目標似乎很難借助於他們所倡導的方法來達到。

如果我們沒有弄錯的話，要想阻止國內或國際事務中的暴力統治，就必須建立這樣一個權威機構，它能夠宣布除了它本身以外一切武力都是非法的，並且擁有足夠強大的力量使得一切使用武力的企圖都付諸流水（為公共輿論所支持的旨在維護自由和反抗暴政者除外)。在一個國家內存在著這樣一個權威機構，那就是國家政權。處理國際事務的權威機構還有待建立。建立這樣一個機構其難度可想而知，但是如果想讓這個世界免受一次比一次破壞性更大的戰爭的危害，再大的困難也要想辦法去克服。無論如何，在我們的烏托邦得以實現之前，必需尋找到阻止戰爭的辦法來。當有朝一日人們都相信這個世界不會發生戰爭了，所有的問題便迎刃而解了，到那時要解散所有國家的軍隊代之以對付野蠻種族的小規模國際部隊，就不會再有多大的阻力了。到了這一步，就算真正有保障了。

總之，我們必須尋求的是這樣一個世界，在那裡創造精神充滿活力，在那裡生活就是一次充滿了歡樂與希望的歷險，它不再受到保護自己財產並搶占他人所有的欲望的驅使，而由一種進行建設的衝動主導著。這是一個感情不受約束的世界；愛不再帶有任何統治欲望，殘忍與嫉妒將被幸福和一切本能的自由發展所清除。人的所有本能建立起了生活並使生活充滿精神的愉悅。這樣的世界可以實現，只要人們滿懷希望地去創造它。

我們生存的世界卻懷著與此不同的目的，但這個世界終會走向滅亡，並在自己的欲火中化為灰燼，而這堆灰燼中將誕生一個嶄新年輕的世界，它滿懷著新的希望，迎向勝利的曙光。

第三章　不幸之源

人生不幸福有兩大原因：社會制度與個人的不健康心理。一方面，要透過社會改造增進人類的幸福；另一方面，要人們認清不健康心理的危害，以及它是如何產生、形成的，從而培養健康的心靈，安度幸福的一生。

什麼使人不幸

什麼使人不幸?羅素告訴我們,致我們於不幸的,往往是「自我專注」過於嚴重,其中有三種最普通的類型:罪人、自戀者、自大狂。對於罪人,走向幸福的第一步,就是從早年信仰和情感之中解脫出來;對於自戀者,要透過對客觀事物的興趣,激發起一連串成功的行動,來增強自信心;對於自大狂,只有將權力欲保持在恰當的限度以內,才能極大地增進幸福。

動物只要不生病,食物充足,就會快樂滿足,人也應該如此;然而,現實並非這樣,至少在大多數情況下並非這樣。如果你是不幸的,你或許就會承認,自己在這一方面並不是個例外。如果你是幸福的,請自問一下,你的朋友中有幾個是幸福的。當你對自己的朋友作了一番審視之後,你就應該學會察言觀色,使自己更善於感受日常生活中遇到的各種情緒。英國詩人布萊克說:

「我見過的一張張臉孔，顯出斑斑懦弱，點點愁怨。」

雖然不幸的形式多種多樣，但卻不難發現它無處不在。假如你在最典型、最摩登的大都市裡，上班時間你站在一條繁忙的大街上，或週末站在大道上，或者良宵時光在一個舞會中，請把自我從心靈裡完全排除，讓周圍陌生人的性情一一占據你的視野，就會發現這些不同的群體都有各自的煩惱。

在趕著上班的人流裡，你會看到焦躁不安、過度緊張、消化不良，那種除了生存鬥爭以外對一切缺乏興趣的態度，對遊戲娛樂興味索然，以及對人類同伴的冷漠無情；在週末的大道上，你會看到男男女女，輕鬆悠閒；那些很有錢的人，則致力於追逐快活享樂。這種追逐完全以同樣的速度開始，像長長的車隊緩緩前行，而從車裡根本看不見道路或是周圍的景象，因為稍一旁視便會引發交通事故。所有坐在車裡的人都在設法超越前面的車輛，但是道路如此擁擠，以致他們白費心力。而如果他們的心緒由此游離，就像那些不是駕駛的人那樣，一種難以名狀的厭煩就會攫住他們，使他們的表情打上微微不滿的印記。有時一輛滿載黑人的車上會爆發出真誠的快活，但他們的乖戾行為又會引起他人不滿，到最後由於交通事故而落入警察手裡；那些歡度夜晚的人們，人人都想來此逍遙一番，這種決心之堅定，就像某人去看牙醫時確保自己的輕鬆鎮定一樣不可動搖。人們一致認為飲酒、親吻與擁抱是通向歡樂之路，於是他們開懷暢飲，不在乎同伴如何討厭自己，而一陣狂歡濫飲之後，他們開始淚流滿面，埋怨自己對不起母親的養育之恩。酗酒給他們帶來的不過是犯罪衝動的宣泄，而這在人清醒的時候，往往被理智所壓抑。

這種種不幸的根源，部分源於社會制度，部分源於個人的心理素養——當然，後者基本上就是前者的產物。

我們文明時代極其重要的任務之一，便是尋求一種沒有戰爭的社會制度；但是，人類是如此不幸，以致於互相殘殺，好像這比享受生活的陽光更為誘人。在這種情況下，再美好的制度也難以實現。如果工業化的大量生產是為了增進那些有最大需求的人們利益，那麼防止永久的貧困就是必要的，但如果連富人都是不幸的，使所有的人變富有又有什麼意義呢？訴諸棍棒的恐嚇教育不好，但如果施教者本身就是這種熱情的奴隸，他們就不可能施予其他形式的教育。

以上種種考慮，把我們引到個人的問題上來：此時此地，在我們這個普遍懷舊的社會裡，一個人怎樣去獲得個人的幸福？

在討論這個問題時，我們得把自己的注意力集中到這一類人身上，他們沒有遭受過外來的任何巨大的痛苦。我們假定他們有足夠的收入，解決了溫飽和起居問題；他們足夠健康，能夠從事日常的各種活動。我們不考慮那些巨大的災變，如兒女盡亡、當眾受辱等。這類事情確實值得討論，而且確實重要；但它們屬於與我們想說的是不同的另一類事情。我們的目的在於，為現代文明國家裡大多數人遭受的日常不幸提供醫治的處方。這類不幸使人不堪忍受，因為它沒有任何明顯的外在原因，它一旦到來，任何人都無法逃避。

羅素認為，這種不幸在基本上是由於對世界的錯誤看法、錯誤的倫理觀、錯誤的生活習慣所引起的。其結果導致了對那些可能獲得的事物的天然熱情和追求欲望的喪失，而這些事物，乃是所有幸福所最終依賴的東西。這些事物的獲得是在個人的能力範圍之內的，我們因而提出這樣一些轉變方法，只要我們有一般的好運氣，便能透過這些轉變獲得幸福。

羅素覺得，對他所要提倡的哲學的介紹，最好的方式便是從他的簡要自傳開始：

我生來並不幸福。在小時候，我最喜歡聽的聖歌是：「厭倦塵世，我肩頭重負罪孽。」五歲時，我曾想到，如果我能活到七十歲，那我到現在才忍受了我全部生命的十四分之一，我覺得面前漫長的無聊生涯簡直難以忍受；青春時代，我厭惡生活，一度徘徊於自殺的邊緣，而我之所以終於抑制了自盡的念頭，只是因為想多學些數學。

現在，相反地，我熱愛生活，幾乎可以這麼說：隨著歲月的流逝，我對生活更加熱愛了。這一方面是由於我已經發現了我最想得到的東西，而且慢慢地得到了其中的一大部分；另一方面，則是由於成功地放棄了某些嚮往的目標——例如真理的獲得——因為實際上不可能得到。但獲得幸福，極大的程度上卻是由於不再過分關注自我。

像別的受過清教徒教育的人一樣，我曾有反省自己的罪過、愚行和缺點的習慣。我常將自己看作——無疑還自以為公正——一個可憐的怪人。漸漸地，我學會了對我自身缺點漠不關心，懂得了將注意力集中到外部事物上：世界大事，各種學科的知識，我所喜愛的人等。

的確，對外界事物的關心也有可能帶來各自的痛苦：這世界可能會陷入戰爭、某些方面的知識有可能很難獲得、朋友們可能會離我而去。然而，這種痛苦不會摧毀生活的本質因素，而那些由於對自我的厭惡產生的痛苦，則往往會給生活的本質方面以滅頂之災。每一種外在的興趣都會激起某種活動，只要這種興趣仍然存在，這種活動便能完全防止人的厭倦及無聊意識的產生；相反地，對自我的興趣，不可能導致進取性的活動。

這反倒有可能促使一個人去記日記，從事心理分析，或者成為一個僧侶；然而，只有在修道院的生活常規使得僧侶忘卻自己的靈魂之後，才會變得幸福。他由宗教獲致的幸福，本來哪怕是一個清道夫也可以得到，只要他堅守崗位，一如既往；而對於那些自我專注過多，用其他的方法治療均無效果的不幸的人來說，通向幸福的唯一的道路就是外在修養。

羅素指出，自我專注有多種形式。其中有三種最普通的類型：罪人、自戀者和自大狂。

一、罪人

說「罪人」，並不是指犯罪的人，而是指那種精神專注於犯罪意識的人。這種人不停責難自己，如果他是一個教徒的話，就把這種有罪意識解釋成上帝的責難。他按照自以為的那樣想像自我，而這與他所瞭解的實際自我總處在一種矛盾中。如果在有意識的思維中，他老早就拋棄了他在母親膝下時學得的那些道德信念，那麼，他的負罪感就應該已被埋藏於無意識深處，只在酒醉或睡眠時才浮現出來，但是這已足夠使一切事物失去誘惑力了。

在靈魂深處，他仍然接受著兒時所得的所有禁律：罵人是邪惡的、飲酒是邪惡的、做生意狡獪是邪惡的，性行為更是邪惡的。當然，他並沒有禁止自己享受所有這些快樂，但這一切在他的思想中都受到了毒化，他感到自己被這些東西拉下墮落的深淵。他全部身心追求的一種快樂就是母親的撫愛，那種快樂記憶猶新；然而，這種快樂之門不再向他開放，他因此感到一切都無所謂了：既然總要犯罪，就乾脆深陷到罪惡之中去吧！

戀愛時，他仍在尋求著母性的溫柔，但又不能接受這種溫柔，因為母親的形象猶在，使他對任何與自己有性關係的女人都不可能產生尊重之情。於是他失望並開始變得冷酷；而當他為自己的冷酷開始後悔時，便又開始了一輪，想像中的犯罪和真誠的悔恨交替變換的過程。

這就是許多表面強硬的放蕩者的心理，使他們誤入歧途的是不可企及的目標（母親或母親的替代者），以及童年時代被灌輸的荒謬倫理準則。對這些母性「貞潔」的犧牲者而言，走向幸福的第一步，就是從早年信仰和情感之中解脫。

二、自戀

自戀，在某種意義上，是習慣化了的負罪感對立物。它包括對自我的愛慕和希望得到別人的愛慕的習慣。當然，某種程度的自戀是正常的，人們也不必為之哀嘆；然而，一旦這種自戀發展過度，它就會變成一種惡習。

在許多婦女，特別是富裕階層的婦女身上，那種感受愛的能力早已乾涸，並被一種希望所有男人都愛她的強烈願望所代替。當這種女人確信某個男人愛上她時，便覺得對方不再有用；同樣的現象也會發生在男人身上，雖然比較少見。

當虛榮達到這種程度時，對任何人都不再會有真正的興趣，因而從愛情中也不可能獲得絲毫滿足，而其他興趣也會更迅速的失落。

例如：一個自戀者被人們對畫家的崇敬所激勵，於是他開始攻讀美術；然而，由於繪畫只不過是他為達到目的的手段而已，因而繪畫技法從來沒有變成他真正的興趣；除了與己有關的事物，他看不到別的主題。結果自然是失敗和失望，沒有預期中的奉承，卻只有一連串奚落。

同樣的情況也常常發生在小說家身上，這位小說家可能總把自己當作理想的英雄；一位接一位成功的政治家們，其最終的悲劇就在於，他們原先對社區活動以及施政方針的興趣，逐漸為自戀情緒所取代。

一個只對自己感興趣的人是不值得稱道的，人們不會像他自認為的那樣看待他。因此，如果一個人對這世界唯一所關心，只是這個世界應該對他的崇敬，他往往不太可能達到這個目標；就算他達到了這個目標，他仍然不能獲得完全的幸福，因為人類的本能永遠不會完全以自我為中心，自戀者只不過是對自己人為的限制，正如一個為負罪感所壓抑的人一樣。

原始人可能會為自己是個優秀獵人而自豪，但是他也喜歡狩獵活動本身的虛榮心，一旦超過一定的極點，便會由於自身的原因，扼殺活動所帶來的樂趣，並不可避免地導致倦怠和厭煩。一般情況下，虛榮心的根源就在於自信心的缺乏，療法則在於培養自尊，但這只有透過對客觀事物的興趣，激發一連串成功的行動才能達到。

三、自大狂

自大狂與自戀者的區別在於，他希望自己顯赫而不是迷人，希望自己被人畏懼而不是被人迷戀，屬於這一類型的，有瘋子和歷史上的多數偉人。

對權力的愛，就像虛榮心一樣，是正常人性的一個強而有力的元素，因此可以被接受；但當它過度膨脹，或與不充分的現實感相連結時，它就會使人不幸、令人愚蠢，甚至兩者兼有。

自以為頭戴皇冠的瘋子，在某種意義上也許是幸福的，但他的幸福不是清醒的人會羨慕的幸福。亞歷山大大帝與瘋子，在心理上同屬一類人，哪怕他擁有實現瘋狂夢想的才能也是如此；然而，他最終並未實現夢想，因為他的戰績越是卓著，他的夢想也隨之膨脹，故當他知道自己成了歷史上最偉大的征服者時，便自封為大帝。他真的幸福嗎?他的嗜酒如命、他的狂躁脾氣、他對女人的冷酷無情、他的自命上帝，這一切的一切，都表明他並不幸福。

為了開發人性中的某一部分而以犧牲其他部分為代價，或把整個世界看作是為了自我的偉大高貴而創造出來，不可能得到最終的滿足。

自大狂一般來說，無論是精神錯亂的還是精神健全，往往是過分羞辱受屈所致。拿破崙在求學時曾為自卑感所折磨，因為同學大都是富有的貴族子弟，而他家境貧寒，靠獎學金才得以維持學業；故在他後來允許那些流亡者歸來時，面對昔日同學的卑顏屈膝，他才獲得了滿足。這真可謂至福！這種滿足感進一步導致他去征服沙皇，以便得到同樣的滿足，而這滿足卻把他送上了聖赫勒拿島。

由於沒有人是全能的，一個被權力欲徹底攫住的人，遲早會碰到那些無法踰越的障礙。只有某種形式的瘋狂才會阻止這種認識深入人的頭腦，就像一個人權力夠大時，他可以把向自己指出這一點的人監禁起來或處以極刑。政治意識的壓抑和心理分析意識中的壓抑密切相關。不管以何種明顯的方式，也不管在什麼地方，只要出現了心理分析上的壓抑，就不可能再有真正的幸福。

權力，當它被保持在適當的限度內時，也許會極大地增進幸福；然而，如果把它當作生活的唯一目的，它就會給人的外部世界或者內心世界帶來巨大的災難。

很顯然，不幸的心理上的原因是多種多樣的。但是，它們都有某些共同點。典型的不幸福的人是這樣一些人，他們在青年時期被剝奪了一些正常的滿足，於是便把這種滿足看得比任何一種其他方面的滿足更為重要，一生只朝著這一方面苦心尋求；他僅僅對成功，而不是對那些與此相關的活動本身，給予足夠多的、不恰當的重視。

然而，在今天，另外一種現象發展得極為普遍。一個人也許感到自己徹底失敗了，以致於不再尋求任何形式的滿足，只求消遣放鬆、陶然忘情。他因而成了「快樂」的愛好者。也就是說，他減少自己的活力以便使生活變得更易忍受。例如：酗酒就是一種暫時的自殺；它帶來的幸福僅僅是一種消極的、暫時的忘卻不幸的幸福。

自戀者和自大狂相信幸福的可能性，雖然他們為了得到它採取了錯誤的方式；但是尋求精神麻醉的人，無論採取哪種方式，他都已失去了希望，只求默默無聞。在這種情況下，要說服他的首要之點就是告訴他：幸福是值得爭取的。不幸的人，與失眠的人一樣，總是對此表示自豪。也許他們的這種自豪與狐狸丟失尾巴的感觸一樣，如果真是這樣，療法便是向他們指出，怎樣才能長出一條新的尾巴。

羅素相信，如果人們看到通向幸福的道路，就很少會有人會選擇不幸之路；當然，不否認這種人的存在，但這類人肯定為數不多，難成氣候。

拜倫式的不幸

拜倫式的不幸，即認為自己已經把所有早年的熱情看透，從而認為再沒有什麼值得為之生活下去。在羅素看來，這種悲觀論沒有任何形上學的原因，原因就在於戰爭、貧困和暴行。在二十一世紀的今天，我們要對那些拜倫式的悲觀厭世者說，生命並不是一帆風順的幸福之旅，而是時時擺動在幸與不幸、沉與浮、光明與黑暗之間的模式裡。我們不能像鴕鳥一樣把頭埋在沙堆裡，拒絕面對各種麻煩，因為麻煩不會因此獲得解決。我們每個人都會有不幸，而且會有各種各樣的不幸，微笑卻能幫助我們從不幸中走出來。

今天，總有許多聰明人總以為自己已經把所有早年的熱情看透，從而認為再沒有什麼值得為之生活下去了。擁有這種觀點的人的確不幸福，但他們卻為這不幸感到慶幸，他們將這歸於宇宙的本質，認為這是開明人士唯一可取的理性態度。他們對自己的不幸的誇耀，使那些較少世故的人的真誠表示懷疑，他們認為對痛苦表示欣賞的人實際上並不痛苦。這種看法過於簡單。無疑，這些受難者在他們的優越感和洞察力方面得到了一定的補償，但這不足以彌補純樸快樂的喪失。

羅素認為，人不快樂是沒有什麼理性、優越可言。聰明人只要情勢許可，是會感到快樂的，因為如果他發現對宇宙的思考一旦超過了極限，就會感到痛苦，他就會轉而考慮其他的問題。這就是我們本節所要說明的觀點。

羅素相信，無論出於什麼理由，理性都不會禁止人們去追求幸福；不僅如此，那些真心誠意把自己的哀怨歸之於自己對宇宙看法的人，是本末倒置了。事實是，他們之所以不幸，是出於他們並不瞭解的原因，而這種不幸便使得他們去思索世界那些惹人不快的方面。

我們所要討論的觀點，早已由美國作家約瑟夫．伍德．克魯奇先生在他寫的《現代性情》一書中表述過，這一觀點與英國詩人拜倫的觀點，以及《布道書》一書作者的觀點如出一轍。

克魯奇先生說：

「我們的事業是注定要失敗的事業，在大自然的世界中，沒有我們的位置，然而，我們並不因此而對人類感到遺憾。我們寧願作為人死去，而不願像動物一樣活著。」

拜倫寫道：

「當早年思想的光芒在情感的隱隱腐朽中漸漸衰落。

這世界給予的樂趣，沒有一個像它帶走的那些一樣快活。」

《布道書》的作者說：

「我羨慕那些已死的人，他們比活著的人更幸福；但是，那些尚未出生、尚未看見過世上一切不公正的人，比上述兩種人都幸運。」

這三位悲觀主義者在回顧了生活的樂趣之後，都得出了憂傷憂鬱的結論。克魯奇先生生活於紐約最高層的知識分子圈；拜倫暢遊過阿卑多斯，有過許多風流韻事；而《布道書》的作者追求的快樂更是多種多樣，他飲酒作樂，欣賞音樂，建造水池，擁有男僕女傭，甚至僕人都在他家裡傳宗接代。即使在以上種種情況下，他的智慧依然沒有喪失；然而，他將這一切，甚至智慧都看作一片空虛：

「我決心辨明智慧和愚昧，知識和狂妄，但是，我發現只是徒勞的捕風而已。

智慧越多，煩惱越深；學問越好，憂慮越重。

連他的智慧似乎都使他惱怒，他想擺脫它，卻未能成功。

我自言自語：『來吧！試一試享樂！來享享福！』

可是這也是空虛。

但智慧仍與他同在。

我心想：『愚蠢人的遭遇也是我的遭遇，我儘管聰明又有什麼益處呢？』

我的答案是：『沒有，一切都是空虛！』

因此，人生對我沒有意義；太陽底下所做的一切事只是使我煩惱，一切都是空虛，都是捕風。」

對文人而言幸運的是，人們不再去讀很久以前的東西了，因為一旦讀了這些書，便會得出結論，不管有人曾經發表何種議論，新的書籍的撰述必定是空虛。如果我們可以表明：《布道書》的教義並不僅僅為聰明人所獨有，我們就不必為後來表達同樣感情的詞句而困擾了。在這種討論中，我們必須分清情緒及理智的表述之間的差異。與情緒是沒有必要展開爭辯，因為它會隨著某一幸運的事件，或我們身體狀況的變化而變化，但是，它不可能透過爭辯而轉變。

羅素指出，對這種情緒（即感到一切都是空虛）的擺脫，並不是透過任何哲學的手段，而是由某種不得已而為之的行動需要促成的。

如果你的孩子生病了，你會覺得不快，但是你不會感到一切都是空虛；你會感到，孩子的康復是理所當然要關心的事情，而人生是否有終極價值這類問題，你根本不會去理會。一個富人可能會、而且常常會覺得一切都是空虛，不過要是他正巧缺錢，他便會感到下一頓飯就不是空虛的了。這種情感是由於自然需要的過分容易滿足而產生的。

人類與其他動物一樣，對一定量的生存競爭較為適應，而在占有巨大的財富，卻不需要付出任何努力時，在他的一切奇怪念頭極易得到實現時，單是生活中這一努力的缺乏就使他丟失了幸福的一個基本因素。一個很容易得到自己想要的東西的人，往往會認為，欲望的實現並沒有帶來幸福。如果他具有哲學思辨的氣質，他便會得出結論：人生的本質就是不幸，因為擁有了自己所要一切的人並不幸福。他忘記了，需求對象的殘缺不全，正是幸福的必不可少的條件之一。

關於情緒我們就談這些，在《傳道書》中，也有理性的探討：

「江河流入大海，海卻不滿不溢。

太陽底下，沒有新事物，陳年舊事無人追念；太陽底下，由勞碌得來的一切對我也都沒有意義。

因我不能把一切留給後人。」

如果我們把上述觀點用現代哲學家的風格來表述的話，那很可能是這樣的：「人永遠在辛勤勞作，物質處於永恆的運動之中，沒有什麼會永遠駐留不去，儘管後來的新事物與逝去的舊事物沒有什麼差異。」

一個人死去，他的後代收穫他的勞動果實；河流奔向大海，但是河水卻不允許待在海裡。如此周而復始、無盡期、無目的，人類和世間萬物在這個循環中生生死死，日復一日，年復一年，沒有進步發展，沒有永遠的成就。河流如果有智慧，就會待在原地，止步不前；所羅門如果有智慧，就不會種植果樹，讓他的兒子坐享其成。

但是，如果處在另一種情緒中，這一切看上去就會完全不同了。太陽底下沒有新的事物出現嗎？那怎麼解釋摩天大樓、太空梭和政治家的廣播演說？所羅門何曾知道這一切？如果他可以透過無線電，收到示巴女王從他的領地回去時對臣民講的話，難道不是對處身在毫無價值的樹木、池塘間的他一個安慰嗎？要是他擁有一個新聞剪輯機構，使他可以瞭解報紙是如何報導他的建築的富麗堂皇、後宮的舒適安逸、那些與他辯論的聖哲的狼狽困窘，他還會說太陽底下沒有新事物嗎？

當然，這些事物可能不會完全治癒他的悲觀主義，但是他至少會採用一種新的表達方式。

實際上，克魯奇先生對時代的抱怨之一便是：太陽底下的新事物太多。如果不管新事物的出現還是它的消失都同樣令人煩惱的話，那很難說兩者都成了使人絕望的真正原因。

我們再來看這樣一個事實：「所有的江河奔向大海，而大海卻不滿不溢，江河來到它們發源的地方，在那裡它們又回來了。」以此作為悲觀論的根據，於是便假定這種旅行是不愉快的了。人們夏天來到療養勝地，然後又回到他們原來的地方，這並不證明夏天到療養勝地是無益之舉。如果河水具有感情的話，它們或許會像雪萊詩中所說的一樣，享受著這種冒險性的循環的樂趣。

至於說到把財物留給後代的痛苦，這個問題可以從兩個方面來看：從繼承人的角度看，這顯然沒有什麼大的損失或災難。所有的事物在自身內部不斷承傳這一事實，也不能成為悲觀論的理由。如果繼之而起的是更壞的事物，那倒還是一個原因，但是，如果隨之而來的是更美好的事物，那就應該是樂觀的理由了。

那麼，如所羅門認為的，繼承的事物與原來的一模一樣時，我們又該怎麼認識呢？這不是使整個過程失去意義了嗎？當然不是，除非循環的各個階段本身是令人痛苦的。

只注視著未來，認為今天的全部有意義只在於其將產生的結果，這是一種有害的習慣。沒有局部的價值，也就沒有所謂的整體的價值。生活不應被視同這樣的一種情節劇，劇中的男女主角經歷難以想像的不幸後，最終以圓滿的結局作為補償。我活著，有我的生活，兒子繼承了我，他有他的生活，他的兒子又繼承他。

「這一切又有什麼悲劇可言？

相反，要是我長生不死。

那麼，生活的歡樂最終必定會失去吸引力。代代相繼，生活將永保青春活力。

我在生活之火前烘烤著雙手。

火焰低落熄滅，於是我準備離去。」

這種態度與對死亡的義憤態度一樣，是很合乎理性的。因此，情緒如要出理智決定的話，那麼，快樂和絕望就都有著相同的理由。

《布道書》是悲劇性的，克魯奇先生的《現代性情》則帶哀怨色彩。

克魯奇先生之所以哀怨，根本是源於中世紀以及稍後一些時代所肯定的事物準則都崩潰了。他說：

「當今這一不幸的時代為冥冥世界鬼魂的困擾作祟，他們尚未認識熟悉自己的世界，其面臨的困境，猶如一個青少年遇到困境一樣，他們要是脫離了少年時代經歷的神話世界，就不知道引導自己走向何方。」

這一情況完全適用於一部分知識分子，這些人接受過文化教育，但是，對現代世界卻一無所知。他們在整個青年時代受到的教育是，把信仰建立於情感之上，因而不能擺脫嬰兒期的尋求安全保證的欲望，這種欲望是科學世界難以滿足的。克魯奇先生與大多數文人一樣，為這種思想所困惑，即科學未實現它的諾言。當然，他並沒有告訴我們這些諾言是什麼，但他似乎認為，達爾文、赫胥黎等人在幾十年前對科學的期望，至今沒有實現。

羅素認為，這完全是謬見，是這些不希望自己的專長被人認為無價值的作家、牧師們造出來的。現今的世界上確實存在許多悲觀主義者。當許多人的收入減少時，悲觀主義就會增加。克魯奇先生是美國人，而美國人的收入總的說來給人們帶來了這種安定感；然而，在整個歐洲大陸，知識階層遭受過巨大的苦難，每個人都由於第一次世界大戰而惶恐不安。這類因素一個時代情緒的影響，較之其對世界本質的理論的影響來，要大得多。很少有哪個時代比十三世紀更令人絕望了，除了皇帝和少數幾個貴族外，被克魯奇先生如此惋悼的信仰，在那個時代幾乎為所有人所堅信。

因此，羅傑・培根說：

「我們這一時代比任何一個時代來，更多的罪惡統治著世界，而罪惡與智慧是絕不相容的。我們來看看這世界的種種境況，認真思考一番，我們會發現太多的墮落和腐敗；首先是在上的人君……淫蕩縱欲使整個宮廷名譽掃地，饕餮暴食位居其首。如果這僅僅為在上者所犯，那在下者又如何？看看那些高級教士吧：他們在怎樣追逐金錢，對靈魂的拯救則不屑一顧。我們來想想宗教的戒規：言出必行。看看他們墮落得又有多深，一個個都從自己的位子上跌落下來。（修道士的）新戒規從其最初的尊嚴裡已大大受到腐蝕，整個牧師階層追求是榮耀、淫蕩和貪婪：無論牧師在哪裡聚首，他們之間的爭鬥、吵鬧和其他罪惡等等的醜聞便會傳遍世俗社會。只要能滿足自己的欲望，誰都不在乎自己所做的一切，不顧手段如何陰險狡詐。」

在談到遠古時代的異教聖賢時，他說：

「他們的生活比起我們，無論是在講究文明禮儀方面還是對世俗社會的輕視上，不知要勝過多少。他們歡快、富足、榮耀。這一切我們在亞里斯多德、塞內加、伊本・西那、阿爾法拉比烏斯、柏拉圖、蘇格拉底和其他人的著述中都可以讀到。正因如此，他們得到了智慧的祕密，找到了所有知識。」

羅傑・培根的這些觀點，是和他同時代的文人學士的觀點一致的，他們中沒有一個對自己所處的時代表示喜歡。羅素從來不相信這種悲觀論有任何形上學的原因，而此種觀點的形成原因就在於戰爭、貧困和暴行。

生存競爭的壓力

無論在我們的時代，還是在羅素生活的時代，都存在著這樣一種生活哲學：生活就是一場鬥爭，在這場鬥爭中，榮譽屬於勝利者。羅素作了一個恰當的比喻：這樣的人恰似恐龍，像他們史前原型一樣，他們巨大的成功就在於不要智慧而要權力。然而，遠古恐龍互相殘殺，卻並未獲得最後的勝利。毋庸置疑，成功只是構成幸福的因素之一，在追求成功的同時，我們還必須以理智的、安適的快樂享受，來平衡我們的生活。

如果你隨便問一個美國人或一個英國商人，在他的生活中，什麼是對快樂最大的妨礙？他一定會回答：「生存競爭。」他的話是肺腑之言，並且他確信如此。這一解釋，從某種意義上而言，是正確的；但從另一種更重要的意義上來看，則無疑是錯誤的。當然，生存競爭確實存在。如果我們運氣不好，我們就得去為生存而鬥爭。

康拉德小說中的主角福克就是一個例子：

在一條破舊的船上，所有的水手中，只有福克和另一個同伴擁有武器，而除了把其他沒有武器的人作為食物之外再沒有東西可吃；而當兩人把分配的人肉吃完以後，一場真正的生存競爭開始了。結果，福克打倒了對手，但從此以後他卻成了一個素食主義者。

然而，現在的商人所聲稱的「生存競爭」，完全不是這麼一回事。那是他信手拈來的一個不準確的名詞，用來使根本微不足道的事情顯得莊嚴。你問問他，他的朋友們一旦破產之後會發生什麼情況。大家都知道，一個破產以後的商人，在生活的舒適方面，要比一個從來沒有富裕到有可能破產的人要好得多。所以，人們平常所謂的生存競爭，實際上是追求成功的競爭。他們在競爭中所懼怕的，並不是第二天沒有早餐可吃，而是不能戰勝自己的對手。

令人奇怪的是，很少有人認識到下面這個道理：他們並非處於一架無法擺脫的機器的支配下，而是處於一架灌溉踏輪上；他們沒有注意到，灌溉踏輪沒能把他們送到一個更高的地方去，所以依然處於原來的位置。當然，我們這裡所指的是獲得成功的商人，他們已經有了相當可觀的收入，只要他們願意，他們就能依賴這些收入生活下去。然而，在他們看來，靠現有的收入生活是可恥的，就好比面對敵人臨陣脫逃一般。如果你問他們，他們這樣做是為了何種公益事業時，他們定瞠目結舌、啞口無言。

試想一下這種人的生活吧！我們假定，他有一套華麗的住宅，一個美麗的妻子，幾個可愛的兒女。清早，全家尚在睡夢中的時候，他就得醒來，匆匆趕到辦公室。在此，他的職責就是展示自己作為一個大經理的風度和才幹；他咬緊牙床，說話顯得極有決斷，臉上裝得又機警又莊重，使每個人都肅然起敬。他唸著信稿叫人用打字機影印出來，和各種重要人物在電話中洽談，研究商情，接著陪著和他有買賣或他希望談判一件買賣的人用午餐。同類的事情在下午繼續進行。他疲倦不堪地回到家，又趕著換好衣服去赴晚宴。飯桌上，他和另一些同樣疲乏的男人，不得不裝作感到有婦女作伴的樂趣，她們還不曾有機會使自己疲倦呢！誰也說不準要過幾個小時，這個可憐的男人才能擺脫這種場面。直到最後，他才得以入睡，讓緊張的精神得以幾個小時的鬆弛。

這樣的人的工作生活，其狀態恰似一場一百公尺賽跑，但是，這場賽跑的唯一目標卻是墳墓。那種適合於一百公尺賽跑的全神貫注，在這裡最終達到了極點。對於兒女，他有多少瞭解？他平時待在辦公室裡，星期天則在高爾夫球場上。對於妻子，他又有多少瞭解？丈夫早晨離開的時候，她仍在睡夢中，整個晚上，夫婦都忙著交際應酬，無法親密的交流。大概他也沒有一個真正可信的朋友，雖然他對許多人裝著非常親熱。他所知的春夏秋冬，只有在它們對市場帶來影響時才有所感覺；他或許去過許多國家，但眼神中卻流露出倦怠之情；對他而言，書本是廢物，音樂則是故弄玄虛。隨著時間的流逝，他變得越來越孤獨，他全神貫注於事業，業餘生活變得極其枯燥。

這樣的人如果要過得快樂一些，首先要改變自己的信念。只要他在追求成功的同時還相信，追求成功是一個男人的職責，否則就是一個可憐蟲；只要他的生活依舊如此緊張，如此令人焦躁不安，他就不可能得到快樂。

一切問題的根源在於，人們過於重視競爭的成功，以致於把它變成了幸福的主要源泉。我們不否認，成功的感覺容易使人領會到人生快樂。比如說，一個青年時期一直默默無聞的畫家，一旦他的才華得到公認，似乎要快樂得多。我們也不否認，金錢在某種程度上能增進幸福，但一旦超過了那個程度則截然不同。總之，我們堅信，成功只能是構成幸福的因素之一，如果不惜犧牲其他一切因素去贏取成功，那麼，這個代價實在是太大了。

羅素指出，問題並不僅僅在於個人方面，個人在他孤立的情況下並不能阻止它。歸根究柢，在於為人們所普遍接受的生活哲學——生活就是一場鬥爭，在這場鬥爭中，榮譽屬於勝利者。這種觀點導致了對意志培養的過分強調，卻強行壓制自己的感覺和才智，因此他們把競爭學當成最恰當的自然的哲學。無論如何，這些現代恐龍，像他們史前原型一樣，他們巨大的成功就在於不要智慧而要權力。這種成功使他們到處被人模仿，結果成了全世界人的榜樣。或許，在今後的幾百年裡，這種情況會日盛一日，但是，那些不迎合潮流的人大可放心，因為遠古恐龍最終並未獲得勝利，結果讓聰明的旁觀者占據了牠們的王國。我們的現代恐龍正在毀滅自己。通常情況下，他們每次婚姻，都只生下兩個不到的子女。那些對生活感到如此缺乏樂趣，以致於不再關心生兒育女問題的人，在生物上注定要滅亡。用不了多久，他們就會被更為快樂幸福的新一代所替代。

把競爭看成是生活中的主要事情，這種觀點太可怕、太執拗，使人肌肉太緊張，意志太專注；如果把它作為人生基礎的話，連一二代人都難以延續。經過這樣的一段時間，它一定會引起神經衰弱，各種形式的逃避，對快樂的追求與對工作的追求一樣緊張、艱難——因為鬆弛已經不可能了——最後，因為沒有生育的緣故，導致整個家族的滅亡。競爭哲學所毒害的，不止是工作，休息也受到同樣深的毒害。那種安逸、閒適的生活令人感到厭煩和無聊。這一切必然導致連續的加速運動，其自然的結局便是停滯與崩潰。求治的方法是，承認在一種平衡的生活中，理智的、安適的快樂享受是必要的。

厭煩與興奮

厭煩的本質之一是：把目前的狀況與別的、更易於被人接受的、頑強地進入到人的想像中的狀況相比。厭煩的另一本質是：人的官能不能長期地處於繁忙緊張的狀態。希望擺脫厭煩的願望，是很自然的。厭煩的對立面是興奮。一定量的興奮是有益身心的，但是，數量太少會引起人強烈的渴望，數量太多則會使人疲憊不堪。因此，要得到生活的幸福，一定程度的厭煩忍受力是必要的。幸福的生活在基本上必定是一種寧靜安逸的生活，因為只有在寧靜的氣氛中，真正的快樂幸福才能得以存在。

在羅素看來，厭煩作為人類行為的一個要素，遠沒有受到應有的足夠重視。羅素相信，它是在整個歷史長河中起推進作用的一個巨大動力。

厭煩似乎是人類獨有的情緒。動物被拘禁時，確實也會變得躁動不安、上竄下跳、呵欠不斷，但從性質上而言，牠們的體驗是不可能與人類的厭煩相比的。動物的大部分時間是在警惕敵方、尋找食物，或同時兩者兼有；有時牠們是在求偶，有時則在設法保持溫暖。但是，即使在牠們不快樂的時候，羅素認為，牠們也不是厭煩所致。

厭煩的本質之一是：把目前的狀況與別的、更易於被人接受的、頑強地進入到人的想像中的狀況相比。厭煩的另一本質是：人的官能不能長期地處於繁忙緊張的狀態。

從根本上而言，厭煩是一種受到挫折的欲望，這種欲望的對象不一定是令人快樂的，牠們只要使厭煩的犧牲者知道這一天和另一天有所不同就行。總之，厭煩的對立面，不是愉快，而是興奮。

追求興奮的欲望在人類心靈中是根深蒂固的，尤其是男性。羅素認為，這種欲望在狩獵時代，比起之後的任何時代，都更容易獲得滿足。狩獵是令人興奮的，戰爭是令人興奮的，求愛是令人興奮的；然而，隨著農業時代的來臨，生活開始變得單調乏味了。當然貴族例外，因為他們一直處在狩獵時代。

我們聽到過許多關於機械生產勞動單調乏味的抱怨；不過，比較起來，採用舊的耕作方法的勞動才是最枯燥乏味的。與大多數慈善家的觀點相反，我們認為，機器時代大大減少了整個世界的人們所感受到的厭煩的總量。在僱傭勞動者方面，工作時間裡並不孤獨，而夜晚的時光可以在各種娛樂活動中消磨度過，而這在舊式的鄉村裡是根本不可能的。

再看看中下等階級生活的變化吧！從前，晚飯過後，當妻子和女兒把一切收拾完畢；於是一家人團團圍坐，開始所謂的「大團圓」的歡樂時光。這就是說，一家之長去睡覺了，妻子忙著編織，女兒寧願自己要麼死去，要麼神遊非洲。她們既不準看書，也不準離開房屋，因為當時流行的做法是：這個時候應該由父親與她們說話，而這對一家人來說都應是一種快樂。要是運氣好，她們最終也結了婚，於是便折磨自己的孩子，讓她們的青年時代與自己所經歷的一樣沉悶無趣。要是運氣不好，她們便做老處女，或最後當個老奶奶的女僕傭。這種殘酷的命運，正如野蠻人施加於他們的犧牲者身上的命運一樣，令人害怕。

在我們評判一百年前的世界時，應該記住這一厭煩的重負，歷史時代越往前移，厭煩的壓力也就越重。

試想一下中世紀農村冬天，那單調的生活吧！人們不會讀書寫字，天黑以後只有蠟燭給了他們些許光明，柴火的煙霧瀰漫著整個的屋子，室內依然寒冷徹骨。外面的道路實際上根本不能通行，因此他們幾乎見不到來自鄰村的人。一定是這類厭煩產生了搜捕行巫者這種習俗，這後來成了冬天晚上唯一有點生氣的活動。

我們不再像祖先那樣厭煩，但卻更怕厭煩。我們開始知道，或者說是開始相信，厭煩不是人的自然命運的一部分，它可以透過對興奮的積極強烈的追求而予以避免。

女子現在大多自己謀生，多半緣於此，她們能夠在晚上去尋找興奮刺激，躲避祖母一輩當年不得不忍受的「大團圓」時光，現在人人都可住到城裡去；在美國，那些買不起汽車的人，至少有一輛摩托車，可以騎著去看電影，而且他們家裡都有了收音機；年輕的男女們相見約會比起以前來方便多了，每一個家庭女傭可以期望一星期至少有一次興奮的社交聚會，而這足以使珍．奧斯汀的女主角在整本小說裡期待不已了。

隨著社會地位的提高，對興奮的追求也變得越來越迫切。那些有條件的人不停地從一處轉向另一處，走到哪裡，便把歡樂帶到哪裡，狂歌勁舞、開懷暢飲，但是出於某種原因，他們總是希望有一個新的地方能夠享受更多的樂趣。

那些不得不靠賺錢謀生的人，只好在工作中忍受厭煩的折磨，而那些有足夠的錢財可以不工作的人，便把完全擺脫厭煩的生活作為自己的理想。這是一種崇高的理想，不過，令我們擔心的是，像其他理想一樣，比起那些理想主義者的假設來，那是更難獲得的。與歡樂的前一天晚上比較起來，早晨總是令人厭煩的。人會有中年，甚至晚年。人至二十歲時或許會想，到了三十歲生命即將結束。

或許把人的生命資本當做貨幣資本來花是不明智的。一定量的厭煩也許是生命不可缺少的一部分。希望擺脫厭煩的願望，是很自然的。當野蠻人第一次從白人手裡嘗到酒的滋味時，他們至少找到了一種擺脫單調乏味生活的良方，因此，除非政府加以干涉，否則，他們便會喝得爛醉如泥，一死方休。

戰爭、屠殺以及迫害等，都是企圖擺脫厭煩的一些方式，甚至與鄰居吵一架也要比無所事事好一些。因此，厭煩對於道德家而言，是一個極其重要的問題，因為人類所犯的罪惡中，至少有一半是出於對厭煩的恐懼引起的。然而，我們不應該將厭煩看作是完全邪惡的。

厭煩有兩種，一種是產出型，另一種是呆滯型。產出型是由於缺乏毒品引起，呆滯型則由於缺少活動引起。

我們並不是說毒品對人的生活一點用處也沒有，例如：一個明智的醫生，有時藥方裡就有鴉片；但是，對毒品的迷醉狂熱，甚至讓不加約束的本能衝動所控制，絕不應該。那種在人習慣了吸毒後才能適應的厭煩，在戒除了這種習慣後，時間就是唯一的療法。而適用於解決吸毒問題的方法，在一定限度內，也適用於對付各種興奮。

一種過於興奮的生活會使人精疲力盡，在這種生活裡，人需要得到連續不斷的強烈刺激，才能產生那種被認為是快樂的主要成分的顫慄狂喜。一個習慣於過度興奮的人，就像一個對胡椒有著過分嗜好的人一樣，足以使別人窒息的一定分量的胡椒，對他而言，甚至不能品嚐出一絲的味道。要避免過度的興奮，一定限度的厭煩是不可缺少的；過度的興奮不僅有害健康，而且會使人對各種快樂的欣賞能力變得脆弱，使得廣泛的機體滿足被興奮所代替，智慧被機靈所代替，美感被驚詫所代替。

我們並不完全反對興奮，一定量的興奮是有益身心的，但問題就在數量上。數量太少會引起人強烈的渴望，數量太多則會使人疲憊不堪。因此，要得到生活的幸福，一定程度的厭煩忍受力是必要的，這一點從小就應該教給年輕人。

一切偉大的著作都有令人厭煩的章節，一切偉人的生活都有無聊乏味的時候。

現代的出版商會這麼說的，因為他知道當代的讀者對厭煩的恐懼。對於儒家的《論語》，伊斯蘭教的《古蘭經》，馬克思的《資本論》，以及所有那些被證明是暢銷書的聖賢之書，他都會持這麼一種看法；而不僅聖賢之書是這樣，所有那些精彩的小說也都有令人乏味的章節，要是一本小說從頭至尾每一頁都是扣人心弦的話語，那它肯定不是一部偉大的作品。

那些偉人們的生平，除了某些輝煌的時刻以外，也並不總是那麼絢麗奪目的。蘇格拉底常常享受宴會的快樂，而當他喝下的毒酒發作時，他也一定會從自己的高談闊論中得到很大的滿足；但他的一生，大部分時間還是默默無聞地和妻子一起度過；康德據說在他的一生中，從未離開柯尼斯堡以外十英里的地方；達爾文在環遊世界以後，餘下的時間都是在家裡消磨；馬克思在掀動了幾次革命以後，在不列顛博物館度過了他的餘生。

總之，可以發現，偉人們的特徵之一就是平靜安逸的生活，他們追求的快樂並不是那種在外人看來興奮激動的快樂。因為不透過堅持不懈的勞動不可能取得偉大成就，而這種勞動是如此艱苦，如此使人全神貫注，以致於使人再沒有精力去參加那些更緊張刺激的娛樂活動，唯一的例外是假日裡恢復體力、消除疲勞的活動。

忍受單調的生活能力，應該從兒童期就開始培養，現代的父母在這方面有著相當責任，他們給孩子提供了過多消極的娛樂活動，諸如電影、戲劇、美食等，他們沒有認識到，對孩子而言，除了某些很少的例外，過著日復一日相同生活的重要性。孩子們需要的快樂，主要應該由他們透過自己的努力去創造，從自己生活的環境中去取得。

那種一方面令人興奮，一方面又不需付出體力代價的快樂活動，應該盡量減少為好。從根本上而言，這種興奮猶如毒品，興奮越多，追求興奮的欲望也就越強，但在興奮期內身體的消極被動狀態是違反了人的本性的。

一個孩子就像一棵幼苗一樣，讓他不受干擾、在同一塊土地上生長時，才發育得最好。太多的旅行、太多的形形色色的感覺印象，對孩子並沒有好處，會使得他們長大後缺乏忍受寂寞生活的能力，而唯有寂寞才能使人有所創造。

總之，幸福的生活在基本上必定是一種寧靜安逸的生活，因為只有在寧靜的氣氛中，真正的快樂幸福才能得以存在。

過度疲勞

過度疲勞是妨礙人們獲得幸福的原因之一。相對於以前而言，二十一世紀的人們純粹體力上的疲勞已不多見；然而，精神疲勞卻成了人們最嚴重的問題。比如，強烈的焦慮、長期的緊張和壓抑等，常常是高血壓、冠心病等疾病的誘發因素。又如，長期或強烈的劣性精神刺激所引起的惡劣心境，如憂慮、恐懼等，還會降低人的免疫功能，使人容易患癌症。總之，過度疲勞的危害是巨大的，我們必須加以避免。那麼又該如何避免呢？這正是本文所要解答的問題。

疲勞的形式多種多樣，從妨礙幸福這一點上而言，有幾種疲勞比其他幾種更為嚴重。

純粹體力上的疲勞，只要不過度，往往會成為幸福的原因之一。它使人睡眠酣暢、胃口極好，對於假日可能有的娛樂活動興致勃勃；然而，如果疲勞過度，就會給人帶來極大的危害。除了那些高度發達的地區外，貧困地區的農村婦女由於過度勞累，三十歲便已經衰老了。超過一定限度的體力勞動，實在是殘酷的刑罰，而事實上常有那樣的苦役，使得生活變得不堪忍受。

然而，在現代世界最先進的那些地區，由於工業生產勞動條件的改善，體力疲勞已大為減輕；但在這些地區，精神疲勞卻變成了最嚴重的問題。令人驚訝的是，抱怨這種疲勞的呼聲，最常見於那些富裕階層，比起實業家和腦力工作者而言，在僱傭工人身上要少見得多。

要在現代生活中避免精神疲勞，是一個極為困難的事情。首先，城市勞動者在整個工作時間內，甚至是上下班時間裡，不斷受到噪音的侵擾。儘管他們學會了對大部分噪音有意識地不去注意，但仍免不了受到噪音的折磨，而且無意識中竭力避開噪音所造成的緊張，反而使人更為疲憊。

另一種我們並未意識到的造成疲勞的原因是：陌生人不斷出現。與其他動物一樣，人的自然本能也習慣於對每一位陌生人觀察探究，以便決定用友善的或敵意的態度去對待他。這種本能，在高峰時間裡乘坐地鐵的人們身上受到了抑制，這種抑制的結果是，他們對每一位陌生人，對這些不是心甘情願、被迫擠在一處的陌生人，產生了一種普遍的、擴散性的憤怒。

此外，急著趕早班火車的緊張情緒，會引起消化不良。等到趕到辦公室，一天的工作才剛剛開始，這位職員的精神已經緊張勞累，從而對整個人類產生一種厭煩的情緒。他的雇主也帶著這種情緒趕到辦公室，對傭員身上的這種疲勞和厭煩置之不理。傭員由於怕被解僱，不得已裝出溫順恭敬的樣子；但是，這種不自然的行為只會進一步加劇精神的緊張。要是允許傭員一個星期有一次機會去捏捏雇主的鼻子，或是用其他方式表示對雇主的真實看法，他們緊張的精神也許會得到放鬆。

然而，從雇主的角度而言，他也有自己的煩惱，因而這樣做並沒有解決他的問題。傭員怕的是解僱，雇主怕的是破產。確實，有些雇主已經足夠富裕，根本用不著為此擔憂。但是，在他們取得這樣的地位之前，他們一般都經過了多年艱苦頑強的奮鬥，在這期間，他們一定要時時警惕、關注著世界各地行情的變化，不斷地設法擊敗對手。這一切的結果是，當真正的成功來臨之時，這個人的精神已經崩潰了，他已經如此習慣於焦慮狀況，以致於在需要消除這種焦慮時，他仍不能擺脫它。

富人也有子孫後代，但是，他們也多半給自己製造焦慮，而且這類焦慮與他們如果不是出身富家時可能遭受的焦慮幾乎一樣。他們聚眾賭博，因而招致與父輩相同的煩惱；他們犧牲睡眠，通宵達旦尋歡作樂，弄垮了自己的身體。等到一切平靜下來，他們也與自己的父親一樣，已經沒有力氣去享受幸福了。無論是出於自願，還是出於選擇或需要，大多數現代人過的都是這種精神高度緊張的生活，這種生活如此使人睏乏，以致於沒有酒精的刺激，他們就不能享受生活的樂趣。

對那些愚蠢的有錢人，我們並不想多說，還是讓我們來談談為了謀生而疲勞的比較普遍的情形吧！在很大的程度上，這種情況下的疲勞往往是由焦慮引起的，這種焦慮可以透過一種更為積極的生活哲學以及一定的心理控制而加以避免。

大多數人對自己的思想缺乏控制能力，換言之，面對那些自己一時不能採取有效措施的問題，他們往往不能阻止自己去想它們。深夜裡，男人們上床睡覺，在他們本應該去好好恢復體力時，卻依然在床上翻來覆去、苦思冥想，為工作上的事情操心費神。實際上，他們這時對這些問題是無能為力的，他們這樣地苦思冥想，並不能找出一個可行的方案來，而只不過是一種半精神錯亂的狀態所致。這種狀態正是失眠症所伴有的思維紊亂。黎明來臨，半夜裡的那種精神錯亂依然緊緊纏繞著他們，模糊了他們的判斷力；他們的脾氣變得更加急躁，對每一個困難障礙他們都感到非常惱怒。

聰明的人只是在有某種明確的目標時，才會去考慮那些問題，平時則考慮別的事情，如果是晚間，他們就乾脆什麼也不去想。我們並不是主張在遇到大的危機時，比如面臨破產或者一個丈夫有理由懷疑妻子對自己不忠時，由於沒有解決的辦法，就可以不去加以考慮。當然，對少數頭腦特別清醒的人而言，也能夠做到這一點，但是，對於日常生活中碰到的一些麻煩，除了那些必須立即處理的以外，可以把它們暫時擱置起來。

在對大腦的思維進行系統的訓練以後，人就能獲得更多的幸福，又能提高解決問題的效率，而不是不適當地、無間歇地去思考。在要作出一個困難而又勞人心神的決定時，一旦有關的數據訊息收集齊全，就應該馬上加以最充分的考慮並作出決定；一旦決定作出，除非有新的事實和證據，不要去隨便加以修正，沒有什麼比猶豫不決更使人勞心費神、更無成效了。

透過認識到那些引起焦慮的事物的非重要性，可以消除大部分憂慮。許多種精神疲勞可以用這種方法來治療。我們的行為並不如我們認為的那樣重要，成功或失敗歸根究柢關係不大。再大的痛苦都可以忍受克服，那些似乎使人的幸福一去不復返的困難，隨著時間的流逝也會漸漸消失，以致於到後來人們都很難回憶起當時的困難有多麼巨大了。除了這些以自我為中心的考慮，更為重要的是要記住，個人的自我並不是整個世界的最大的一部分。一個能夠自我超越於自己的思想和希望的人，也能夠在日常生活的困境中為自己找到安靜閒適之地，而這對徹底的利己主義者來說是不可能的。

在現代生活中，情緒上的疲勞一直是主要的形式。純粹腦力上的疲勞，與純粹肌肉上的疲勞一樣，透過睡眠就能得到補償。無論誰從事了大量的不需要情緒捲入其中的腦力勞動以後——例如：繁瑣複雜的計算——都能在每天的結束透過睡眠消除日間帶來的疲勞。工作過度帶來的危害遠不止這一點，而是某種形式的煩惱和焦慮。

情緒性疲勞的麻煩在於，它能擾亂人的休息。一個人越是變得疲乏，他發現疲乏越難消除。這瀕臨精神崩潰的症狀之一就是，認為自己的工作太重要了，哪怕是一天假期都會帶來不可收拾的局面。對那些把自己的工作看得很重要的病人，我們開的藥方是：休假！看起來似乎是由工作引起的精神崩潰現象，實際上，就我們所知的任何一個病例來看，乃是由於一些情緒上的困境所致，面對這些困境，病人往往試圖透過工作來加以逃避。他之所以不願意放棄自己的工作，是因為如果他這樣做，他將無法驅散解脫縈繞他心頭的不幸感，無論這種不幸是怎樣的。

當然，當他的麻煩是面臨破產的時候，他的工作就與他的焦慮直接地聯繫在了一起，然而，即使如此，這種焦慮也往往會促使他去長久地工作，這種長久的工作會模糊他的判斷力，結果破產比他工作少時反而來得更快。在任何情況下，是情緒性困境而不是工作，導致了精神的崩潰。

焦慮心理絕不是簡單的東西。它涉及到心理自律的問題，這種心理自律主要是指在恰當的時候思考問題的習慣。這種習慣極其重要，首先，是因為它能使人以最少的腦力付出完成日常工作；其次，是因為它是治療失眠症的良方；最後，是因為它提高了決策的效率和能力。然而，這種方法並沒有觸及到潛意識或者無意識的東西。當問題變得相當嚴重時，任何方法如果不能深入到人的意識層次之中，便不能產生什麼作用。

關於無意識對意識的作用問題，心理學家已經進行了許多研究；但是有關意識對無意識的作用，這方面的研究就少得多了。後者在心理衛生學上是一個極其重要的課題，如果要使理性的信念作用於無意識領域，就必須認識這一作用。這一點對於焦慮問題來說特別重要。一個人對自己說，即使這種不幸發生也沒有什麼可怕，是非常容易的；但是，只要這種焦慮仍然停留在意識信念裡，這種自慰術在夜深人靜難以入眠時就不會起作用，也不能防止噩夢的出現。

羅素認為，如果給有意識的思維注入足夠多的活力和強度，它就能深入到無意識之中去。大多數的無意識的東西是由本來高度情緒化的有意識思維組成的，只不過現在它們被深埋下去了。這種深埋過程有可能有目的地加以實現，這樣我們就可以利用無意識思維做許多事情。

例如：如果我們不得不去作某一較為困難的題目，最好的辦法是，在幾個小時或幾天裡，集中注意力予以認真思考，在這段時間結束時，即發出指令，比方說，要求這一工作轉到地下進行。過了幾個月後，我們有意識地回到這個題目，發現這一工作已經完成。在我們發現這種方法以前，我們習慣於在以後的幾個月內，由於工作沒有進展而憂慮不已，但是，我們並沒有因為憂慮擔心而使問題得以解決，反而將這幾個月的時間浪費了。現在呢，我們就可以利用這段時間從事其他工作了。在解決焦慮問題上，也可以運用在許多方面與此類似的過程。

當受到某種不幸事件的威脅時，先審慎地、有意識地思考一下，在可能發生的事情中，什麼東西是最糟糕的？在對這種可能的不幸作了表面的考察之後，給自己一個堅強的理由相信，不管發生什麼，都不會有什麼極端可怕的災難。這類理由總是存在的，因為，說到底，我們個人碰到的任何事情都並沒有什麼普遍的重要意義。在你對最壞的可能性作了長久的持續的審視，並且懷著確信對自己說：「嗯，畢竟這問題並不是那麼嚴重緊要。」之後，你會發現，你的焦慮已經消減到一種最小的程度。重複幾次這一過程也許是必要的，但是到最後，如果你面對最壞的可能性也沒有退縮逃避，你就會發現，你的焦慮徹底消失了，取而代之的是一種振奮激昂的情緒。

這種方法也是避免恐懼心理的更為普通的方法的一部分。焦慮是恐懼的一種形式，所有的恐懼形式都導致疲勞。一個人，如果他學會了不再恐懼，就會發現日常生活中的疲勞大大減少了。當我們不希望出現某種危險發生時，恐懼便以某種有害的形式產生出來。恐懼的情緒時而襲入我們的頭腦。

恐懼的原因究竟是什麼？對每一個人而言，各不相同，但幾乎所有的人都有某種潛在的恐懼。有的人怕得癌症，有的人擔心經濟上破產，有的人擔心自己不光彩的隱私被人發現，有的人受著猜忌的懷疑心理的折磨，有的人則在夜晚時想到兒時聽到的地獄之火的故事可能是真的，而輾轉反側，思緒縈繞，揮之不去。

也許以上這些人用的是一種錯誤的對付恐懼的方法。無論何時恐懼進入了他們的頭腦，他們都試圖去想別的東西，試圖用娛樂、工作或其他方式來分散自己的注意力。這種不敢坦然面對現實的做法反而加劇了各種形式的恐懼。轉移自己思考目標的做法是由於對鬼怪幽靈的恐懼引起的，人由此轉移了自己注視的目光。

正確的對付恐懼的方法是去理智地、平靜地、全神貫注地思考，直到這種恐懼完全不再陌生。最後，熟悉削弱了恐怖可怕，整個對象因此變得令人厭煩，我們的思想由此而轉移開去；但不是像以前那樣由意志的作用引起，而純粹是由於對該事物的厭惡所致，當你發現自己喜歡對任何事物都苦思冥想時，別擔心，最好的對付辦法是，用比自己平時更認真的態度進行更深入的思考，直至最後它失去了令人恐懼的特徵。

疲勞的最為常見的原因是對興奮的愛好。一個人如果把閒暇時間用於睡眠，他便會身體健康，但是，他的工作卻煩悶單調，他覺得在自由支配的時間裡有一種娛樂放鬆的需要。問題在於，最容易獲得的、表面看來最吸引人的娛樂活動，多半是一種消磨精神的活動。追求興奮的欲望，過了某一極點後，就成了或是扭曲的本質或是某種本性不足的標誌。

雖然如此，我們必須認識到，使人興奮的娛樂是很有意義的，因為除非透過興奮的刺激，否則，生活就會變得讓人難以忍受。而在這種情況下，一個理智而謹慎的人，唯一能夠做到的是約束自己，不允許自己去尋求那種有損健康、影響工作的過分而又使人疲勞的快樂。

嫉妒

嫉妒是一種非常有害的心理。它可以使嫉妒者本人產生一種非常低下的、醜陋的心理，使嫉妒者走向一條狹窄的人生道路，也使受嫉妒者受到極大的傷害。對任何人來說，忍住自己的嫉妒心，並不是一件輕而易舉的事情。看到別人在一些方面強於自己，自己心中不平衡、不舒服，尤其是此時再遇到一些不順利的事情，那就不僅僅是嫉妒了，甚至有些人為此付出了昂貴的代價。以不正當的手段去打擊別人，自己也同樣受害不淺。所以，嫉妒心要忍，忍嫉妒不是不承認別人的優點、業績，而是要正確地認識他人的成績，不自卑、不自滿，正確地評價他人、評價自我，從而克制和避免嫉妒心的形成。

使人不幸福的最主要的潛在原因，除了憂慮之外，恐怕就是嫉妒了。羅素認為，嫉妒是人類最普遍、最根深蒂固的感情之一。

我們可以明顯地看到，兒童不滿一歲就有了嫉妒的心理。在一個孩子面前露出些許對於另一個孩子的偏愛時，那個被冷落的孩子便會立刻覺察且憎恨。因此，如果一個家庭有幾個孩子，那就必須對每個孩子都絕對公正、不偏不倚，而且始終如一。

相對於兒童而言，成年人的這種情緒同樣普遍，所不同的是，兒童在表露自己的嫉妒時，比成年稍稍公開一些而已。

在普通的人性的特點中，最不幸的莫過於嫉妒。嫉妒者不但希望別人遭受不幸，而且他自己也因嫉妒而憂鬱不歡。他不是從自己擁有的一切中尋找快樂，而是從他人擁有的東西中尋找痛苦。如果能夠，他就想方設法去剝奪他人的優點長處，他認為是值得這樣做的，就像他得到了那些優點長處一般。倘若允許這種情緒放肆，那麼，非但一切的優越卓越之士要深受其害，而且對最有益的特殊技巧的運用也是致命的傷害。

為什麼一個醫生可以坐車去診治病人，而一個工人卻只能步行去上班？為什麼一個科學研究者可以在一間溫暖的房間裡度過時光，而其他人卻要飽受風寒？為什麼一個掌握非凡才能的人，就可以免去他的日常繁雜的家務勞動？對於這些問題，嫉妒並沒有提供任何答案。

幸好人類的天性中還有另一種激情——欽佩——可以作為補償。無論誰要增進人類的幸福，就必須增進欽佩情緒，減少嫉妒情緒。

治療嫉妒的方法是什麼呢？對於聖人而言，可以用無私精神來治療，儘管即使在聖人身上，對其他聖人表示出嫉妒也是有可能的。對普通人而言，治療嫉妒的唯一方法即在於幸福，但困難也正在於，嫉妒本身就是幸福的一大障礙。

羅素認為，人在童年時期所遭遇的不幸大大刺激了嫉妒心的形成：一個孩子發覺自己的兄弟姐妹受到寵愛，就養成了嫉妒的習慣，等他進入社會時，他便去搜尋那些把自己作為犧牲對象的不公正現象。只要這類現象一發生，他就會立即覺察到；如果沒有，他也會用想像去創造。這樣一個人必然是不幸福的，在朋友心目中成為一個討厭的人，因為他不可能永遠記住去避免他想像之中的輕視。他一開始就相信沒有一個人喜歡他，到後來他以自己的行動使自己所相信的東西變成了事實。

還有一種兒童時期的不幸可以產生同樣的結果，即遇到缺乏慈愛的父母。一個孩子雖然沒有受到過分寵愛的兄弟姐妹，但卻覺察到別的家庭裡的孩子，比他更受父母的疼愛。這使他憎恨別的孩子和自己的父母，長大以後覺得自己是一個被社會放逐的人。有幾種幸福是人人天生應該得到的權利，倘若被剝削，必然導致乖戾和怨恨。

但是，嫉妒者可能會這麼說：「告訴我幸福是治癒嫉妒的療法又有何用？只要我繼續有嫉妒心，我就不會找到幸福，而你們還告訴我，在我找到幸福之前，我是不會拋棄嫉妒意識的。」然而，人生並不是這樣符合邏輯的。只要認識到自己身上嫉妒情緒產生的原因，就是在治療的道路上前進了一大步。

用「比較」的觀念去思考的習慣，是一個致命的缺點。當任何快樂的事情發生時，都應該盡情去享受，而不要停下來去這麼想：與別人可能遇到的事情比較起來，自己的事並不怎麼叫人快樂。「是呀，」嫉妒者說道，「今天天氣很好，春天來到了，鳥在歌唱，鮮花在開放，但是我知道，西西里的春天更要美麗一千倍，赫利孔山叢林裡的鳥唱得更動聽，沙崙的玫瑰比我家花園裡的玫瑰更鮮豔。」當他這麼去想時，太陽失去了光芒，鳥的歌唱變成了無意義的鳴叫，鮮花似乎都不值得一看。

他對生活中其他方面的快樂也都採取同樣的態度。「是的，」他會對自己說，「我心中的姑娘是可愛的，我愛她，她也愛我，可是示巴女王一定絕豔美麗的多！哎，要是我有所羅門那樣的機會該多好啊！」所有這類比較都是毫無意義的、愚蠢的，無論是把示巴女王還是隔壁鄰居當做我們不滿的原因，兩者都是無益的。

實際上，嫉妒是一種惡習，既是道德上的，又是理智上的，它永遠看不見事物本身，而只看見事物之間的關係。例如：你賺著可以滿足你需要的薪水，你應該感到滿足；但你聽說有另外兩個人，你知道他們一點也不比我高明多少，而賺的薪水卻是你的兩倍。如果你是一個嫉妒心很重的人，剎那間你的滿足感便蕩然無存，不公平的感覺始終縈繞心頭。

治療這一切的有效辦法是，培養精神紀律，即不去想無益的事情。

羅素指出，僅僅透過成功並不能擺脫嫉妒心，因為歷史上或實際生活中總會有人比你取得更大的成就。享受自己已經得到的快樂，做自己應該做的事情，不要把你所幻想的——也許完全是錯誤的——比你更幸運的人來和自己比較，這樣你才能擺脫嫉妒。

不必要的謙虛和嫉妒有很大的關係。謙虛被認為是一種美德，但我們懷疑極端的謙虛是否配稱美德。羞怯的人需要別人的一再安撫保證，而且常常不敢接受他們本來有能力去完成的任務，認為自己比不上那些自己經常相處交往的人。因此他們尤其容易產生嫉妒心，並由嫉妒心導致不幸和敵意。

我們不相信哪一隻孔雀會去嫉妒另一隻孔雀的羽尾，因為每一隻孔雀都認為自己的羽尾是世上最美麗的，結果孔雀成了和平溫順的鳥類。試想一下，要是一隻孔雀受到這樣的教育，認為對自己做高度評價是邪惡的，那牠的生活會變得多麼不幸啊！每當牠看見另一隻孔雀開屏時，牠就會對自己說：「我不能想我的羽尾比牠漂亮，這樣想是驕傲自滿，可是，哎，我多麼希望自己更漂亮些！那隻醜鳥這麼得意，自以為漂亮了不起！我拔下牠幾根羽毛怎樣？這樣或許就不必再害怕與牠相比了。」

或者牠會去設個陷阱，以證明那隻孔雀邪惡冥頑、行為不端，犯下了孔雀社會不容的罪行，於是牠在會議上告發了那隻美麗的孔雀；發展到後來，牠們會立下這樣一個規定：凡是羽尾特別美麗的孔雀是邪惡的，孔雀王國便會選出那隻僅有幾根禿羽的孔雀當頭領。在這一規定被接受後，牠就會把所有最美麗的孔雀處死；到最後，真正漂亮的羽尾成了只有在對過去模糊的回憶中才會出現的東西，這就是嫉妒假充為道德時所謂的勝利。

但是，在每隻孔雀認為自己比其他夥伴更美麗時，就沒有這種壓抑的必要了。每一隻孔雀都想在這一競爭中贏得第一名，而且因為每隻雄孔雀都尊重自己的雌孔雀，都認為自己取得了這樣的成績。

嫉妒當然是與競爭緊緊聯在一起的，如果要擺脫嫉妒，就必須拋棄極端的謙虛，做一隻高傲的孔雀。

疲勞是常常引起嫉妒心的又一個原因。當一個人對自己要做的事感到力不從心時，他便產生一種普遍的不滿情緒，這種情緒便極可能以對那些工作較為輕鬆的人產生嫉妒的形式出現。

因此，減少嫉妒心的方法之一是，減少人的疲勞。但最主要的是，要去尋得一個能使自己的本能得到滿足的生活。一個在婚姻或子女撫養方面頗為幸福的人，是不會因為別人更有錢、事業上更成功而去嫉妒，因為只要自己有足夠的錢，能夠以自認為合適的方式撫養孩子就行。

然而，本能生活幸福的人是很少的，在這一方面，文明似乎走上了歧途。要減少嫉妒心理，必須找出能彌補這種狀況的辦法來，要是找不到這樣的辦法，我們的文明就會處於由仇恨走向毀滅的危險之中。

儘管嫉妒是邪惡的，它的作用也是可怕的，但並不完全是個魔鬼。它一方面是英雄式的痛苦的表現，那是在茫茫黑夜中徒步跋涉者的痛苦，他們或許是在走向更好的安憩之處，或許只是走向死亡的毀滅。在這絕望之中要找到一條正確道路，文明人必須像開闊自己的視野一樣，開闊自己的心胸，必須學會超越自我，以獲得真正的自由。

罪惡感

羅素認為，罪惡感是成年人生活不幸福的一種極其重要的、潛在的心理原因。具有罪惡感的人，擔心自己變成害群之馬被人驅逐。令人驚訝的是，某些行為即使沒有絲毫值得反思的原因，也被標示為罪惡。總之，這些人的生活總是伴隨著罪惡感，覺得這世界最美好的一切與他無緣，對他而言，最輝煌的時刻就是傷感懺悔。羅素指出，這一切的根源，在於一個人六歲前從母親或保姆那裡所受的道德教育。成年人的罪惡感竟會與天真無邪的兒童聯繫在一起，又與疼愛我們的人有著關係，實在令人不可思議，但本文的論述又不能不使我們信服。

關於罪惡感，我們必須作詳細的探討，因為它是成年人生活不幸福的一種極其重要的、潛在的心理原因。

傳統的宗教的犯罪心理學，現代心理學家無法接受，尤其在新教徒看來，在每個人受到誘惑做出罪惡行為時，良心便會顯露，而在他犯下這一罪過之後，他有可能經歷兩種痛苦的感受：一種叫做後悔，那是沒有用處的；另一種叫做懺悔，它可以消除人的罪過。

在信奉新教的國家裡，甚至許多已經不再信教的人，一段時間裡仍然接受那些有些微變化的正統犯罪觀；而在如今的時代裡由於心理分析的發明，情況則起了變化，不僅非正統的人拒絕接受舊的犯罪觀，甚至許多依然認為自己是正統的人也採取同樣的態度。良心不再是什麼神祕之物，因此也不再被認為是上帝的聲音。我們知道，良心所禁止的行為，在世界各地是各不相同的，從大的範圍而言，它和各地部落的習俗是一致的。

那麼，當一個人的良心刺激他時，究竟會發生什麼情況呢？

實際上，「良心」這個詞，包含著好幾層不同的意思，最簡單的就是擔心被發現的恐懼。

我們當然希望每一個人都過著一種完全無可指責的生活，但如果一個人有些事一旦被發現就會受到處罰，那麼，這個人在可能被發現的風險下，就會懺悔自己的罪過。我們並不是說這也適用於那些慣犯，對於慣犯而言，或許他們把坐牢視為必不可少的職業冒險。然而，這對受人尊敬的初犯卻是適用的，例如：一位銀行經理，在刺激下侵吞了公款；或是一位牧師，在熱情衝動下做出了某一不軌行為。這種人，在他們的罪行很難被人發現時，他們會把它忘掉；但在這罪行被發現，或極有可能被發現時，他們便會希望自己仍保有高貴的品德，這個念頭使他們清楚地感到自己罪惡的嚴重性。

與這種想法密切相連的，是擔心變成害群之馬被驅逐出去的恐懼。一個人玩牌時做了手腳，或是未能償還賭債，在這一切被發現時，他本身已無理由來對大家的裁決表示反對。一個完全接受社會道德準則的人，一旦做了違背道德的事，因而失去其社會地位時，會遭受極大的不幸，面對這一災難的恐懼，或災難降臨時的痛苦感受，會很容易使他認為自己的行為是有罪的。

但是，罪惡感的最主要的形式還埋藏在更深處。罪惡感的根源在於無意識層次，而且它不會由於對他人的反對意見的恐懼而顯露於意識層次。在意識層次，某些行為即使沒有絲毫值得反思的原因，也被標示為罪惡。當一個人有了這一類的行為，便莫名其妙地感到不安，卻不明白為什麼會這樣。他希望自己成為一個能夠擺脫自己所相信的那種罪惡的人。道德方面的欽佩，他只給予那些他認為心靈純潔的人。他多少有些悔恨地認識到，自己永遠也不可能成為那樣的聖人。事實上，他的關於聖人的信念，幾乎在日常生活中不可能實現。

所以，他的生活中總是伴隨著一種罪惡感，覺得這世界最美好的一切與他無緣，對他而言，最輝煌的時刻就是傷感懺悔時。

實際上，這一切的根源在於一個人六歲前從母親或保姆那裡所受的道德教育，在六歲前他已經懂得：罵人是邪惡的；只有壞人才喝酒；吸菸和最高尚的美德是不相容的；一個人永遠不該撒謊，尤其知道了任何一種對性的興趣都是令人憎惡的。他明白這一切都是他母親的看法，相信這一切都是造物主的旨意。

對他而言，受到母親或保姆的撫愛，是他生活中最快樂的事情，而這快樂只有他不觸犯道德準則時才能獲得。所以，他慢慢地把母親或保姆憎恨的事，與一些隱隱約約可怕的事，聯繫在一起；等到他漸漸長大，卻忘記了這一道德準則來自何處，忘記了當初違反這一準則時所受的懲罰是什麼。

然而，他並沒有把這一道德準則拋開，且繼續被影響，好像如果觸犯它，便會發生一些可怕的事情。

這種童年的道德教育，很大一部分完全沒有合理的根據，絕不能適用於普通人的生活。例如：一個講所謂「粗話」的人，從理性的觀點而言，並不一定比一個不講粗話的人更壞。但實際上，任何一個想成為聖人的人，都會認為禁止罵人是極其重要的；然而，從理性的角度看，這是很愚蠢的。

同樣的情況還有飲酒和吸菸。比起飲酒來，對吸菸人們更容易採取一種反對的立場，因為大聖人在世時，根本不知香菸為何物。但是，這一點上也不可能去進行理性的爭辯。說聖人們都不會去吸菸，是基於這樣一種看法，即歸根究柢，聖人是不會為了快活享樂而去做某件事的。

在一般道德中的這一禁欲主義因素，幾乎潛入了人的無意識之中，而且以各種方式起作用，使得我們的道德準則缺乏理性。在理性的道德中，只要不給別人也不給自己帶來痛苦，那麼，給自己帶來快樂，都是應該值得讚許的。如果我們拋棄了禁欲主義，那麼，一個會享受各種美好事物而又不帶來消極後果的人，就是一個理想的有道德的人。

我們再來看說謊：毫無疑問，我們這個世界上謊言太多，如果大家多講真話，那對我們會更有好處。但是，我們並不認為說謊在任何情況下都是不正當的。例如：一個人在鄉間散步，看見一隻已經精疲力盡的狐狸仍然掙扎著向前奔跑。幾分鐘後，獵人趕到，他們問散步的人有沒有看見那隻狐狸，他說看過。他們又問他，狐狸朝哪個方向逃走了，他指了另一條路。而對於這個散步的人而言，即使他說了謊，我們也不會認為他的品質有多惡劣。

早期的道德教育，尤其是在性方面帶來了危害。如果一個孩子由嚴厲的父母或保姆施以傳統的教育，那麼，等到他六歲時，就已經牢固地樹立了犯罪和性器官聯繫的觀念，而這一切在他以後的生活中很難完全擺脫。當然，這一觀念又受到了伊底帕斯情結（戀母情結）的強化。

其結果是，許多成年男子便認為女人因為性而墮落，他們不能尊重自己的妻子，除非她們對性交表示厭惡；但是，一個男人要是妻子對性生活態度冷淡，他就會受本能驅使，到別處尋求本能的滿足。然而，即使他一時得到了本能的滿足，這一滿足也會受到罪惡感的腐蝕，因此他不可能從與任何一個女人的關係中得到幸福。

在女人方面，如果她同樣受過所謂「貞節」的嚴厲教育，也會發生同樣的情況。她在與丈夫的性關係中，本能地採取退縮態度，害怕從這當中得到任何快樂。羅素認為，在受過教育的人中，男人的性生活比起女人來，更多地受到罪惡感的扭曲和毒害。

羅素指出，對此正確的做法是：在一個孩子還沒有進入青春期之前，不要向他或她進行任何性道德教育，而且注意避免灌輸這樣的思想，即自然的身體機能方面有什麼令人憎惡的地方。隨著時間的到來，需要給予這方面的倫理教育時，要注意符合理性，在談及的每一點上都應有充分明確的理由。

那麼，如果一個人不幸福，他的問題源於意識的或無意識的罪惡感，他又該如何擺脫罪惡感的束縛、獲得人生的幸福呢？

在羅素看來，他首先可以使自己的意識明白，他沒有理由感到罪孽深重，然後把合理的信念植於無意識中，同時做些多少是中立的活動。如果他成功地清除了罪惡感，真正客觀的興趣也會自然而然地產生，獲得幸福將是必然的結果。

第四章　幸福之路

幸福這東西不像成熟的果子，僅僅依靠幸運環境的作用便會落入手中，幸福必須是一種努力。一個幸福的人，以客觀的態度安身立命，他具有坦蕩寬容的情愛和豐富廣泛的興趣，憑藉這些情愛與興趣，使他成為許多別人的情愛與興趣的對象，他便獲得了幸福。

你可以獲得幸福

關於幸福，起初羅素從他的一些朋友的言論和著作中得出了下列的結論：幸福在現代世界，已經不可能獲得。後來透過反思，到外國旅行以及和掘井工、花匠等人聊天，羅素從前關於幸福的那種觀點，已被驅散得無影無蹤了。在本節，對幸福的種種可能作了初步的探討，在以下各節，將進一步的討論，並對如何擺脫憂鬱的心情提出一些建議。毋庸置疑，解讀羅素的智慧對我們的人生有無窮的裨益。

前面我們探討的是不幸福的人，現在我們開始討論幸福的人，這是一個較為輕鬆、有趣的話題。

幸福大體可分為兩種，當然，這中間還有許多層次。我們說的這兩種，也可以被稱做現實的和幻想的，或肉體的和精神的，或情感的和理智的。當然，具體名稱的選擇要視被證明的論點而定。在此，我們並不打算證明什麼，只想進行陳述。

也許區別這兩種幸福最簡單的方法是：一類幸福是對所有的人都敞開胸懷，另一類幸福則對能讀會寫的人表示親暱。

比如，有這樣一個掘井工，在他身上充滿了幸福。他身材極為高大，肌肉極為發達，但是既不會讀又不會寫。當他在某天得到一張國會選票時，他有生以來第一次知道有這麼一個機構存在，他的幸福並不來自於知識，也不是基於對自然法則、物種完善、公共設施公有權，或知識分子認為的人生樂趣所必不可少的任何信條，而只是基於軀體的活力，足夠的勞作和對石塊這類並非難以踰越的障礙的征服。

一位花匠的幸福也是與他同種類型的：他一年四季與野兔作戰，認為牠們行事詭譎，詭計多端，兇殘殘忍，而只有同樣的精明伶俐的對手才能和牠們作一番較量。那花匠雖然已經有七十多歲的年紀了，可他從不停息，為了工作，他還得每天騎十六英里的山路，但歡樂之泉取用不盡，那源頭恰恰來自「那些兔崽子們」。

或許你會說，那些讀書人體驗不到這些簡單的快樂，就算對兔子這般弱小的動物發動戰爭，又能體驗到怎樣的樂趣呢？我們以為，這種觀點實在膚淺。一隻兔子要比黃熱病菌大得多，但一個擁有知識的人尚且能夠從與後者的搏鬥中得到快樂。從情感的內容這一方面而言，那些受過最高教育的人的快樂，與花匠的體驗到的快樂並無不同。教育所造成的差異，只在於獲取快樂的活動差異。

成功的快樂需要一些困難相隨，即使在最後這種困難得以克服，但它必須使得成功在開始時沒有把握。這或許就是為何不過高評價自己的能力，便是幸福的源泉的一大原因。那些自我評價偏低的人，常常為自己的成功感到驚奇；反之，那些自我評價過高的人，則往往會為自己的失敗感到驚訝。前者的驚奇令人高興，後者的驚訝令人沮喪。因此明智的做法是，既不無端地自負，也不自卑得連進取心都沒有了。

在受過高等教育者的層次中，現今最幸福的人是科學家。他們中間許多最傑出的人在情感上是純樸的，他們能夠從自己的工作中獲得一種滿足，這種滿足是如此深刻，以致於吃飯、結婚對他們而言都是樂不可言的了，藝術家們和文人學士將其婚姻生活中的愁眉苦臉當成是禮儀上的需要，而科學家則往往能充分地享受這看來平常的天倫之樂，其原因在於，他們智力中的較高部分完全被自己的工作所占用，而不允許侵入到自己無能為力的領域，在他們的工作中，他們感到幸福，因為這一工作的重要性既不被他們自己也不被外人所懷疑。因此，他們沒有必要擁有複雜的情感，因為簡樸的情感已經遇不到阻力了。

幸福的一切條件，在科學家的生活中全都實現了。他的活動使他所有的能力充分得到運用，他所取得的成就，不僅對他自己，而且對大眾——即使他們完全不理解——都是很重要的。在這一點上，他比藝術家要幸運得多。當公眾不能理解一幅畫或一首詩歌時，他們的結論往往是：這是一幅糟糕的畫或這是一首糟糕的詩。當他們不能理解相對論時，他們都下結論說，他們受的教育不夠。結果便是：愛因斯坦受到景仰，畫家卻在閣樓中饑腸轆轆；愛因斯坦是幸福的，而畫家則是不幸福的。

以一貫的我行我素來對抗公眾的懷疑態度，在這種生活中，很少有人是真正幸福的，除非他們能自己關在一個排外的小圈子內，忘記外面的冷漠世界。而科學家則不需要小圈子，因為除了同事，其他人都器重他。相反，藝術家要麼選擇被人瞧不起，要麼做卑鄙無恥的人，在這兩種處境中都是極其痛苦的。如果這位藝術家具有一流的才華，那麼，他必定會招致非此即彼的厄運：如果他施展了自己的才華，便會有前者的結局；如果他藏而不露，便會有後者的下場。

當然，事情並非永遠如此。曾經有過這樣的一個時期，那時優秀的藝術家們，甚至在他們年紀尚輕時，便為人們所尊重：義大利教皇儒略二世，雖說可能對米開朗基羅是不公平的，但他從不貶低米開朗基羅的繪畫才能。現代的百萬富翁，可以給才華耗盡的老藝術家萬貫錢財，但他絕不會認為，藝術家所從事的活動與自己的事業一樣重要。也許這些情況與下述事實有關，即一般而言，藝術家比科學家更不幸福些。

雖然如此，我們並不是主張，唯有這些非凡的幸福才是可能的。事實上，這些幸運只降臨在少數人身上，因為這些人具有一般人所缺乏的某種不同尋常的能力和廣博的興趣。並不是只有傑出的科學家才能從自己的工作中獲得樂趣，也不是只有政治家才能從鼓吹其事業中得到歡愉。工作的樂趣，所有具有特殊技能的人都能夠享有，只要他能夠在運用自己的技能中得到滿足，而並不是要求獲得滿堂的喝彩。

有這樣一位少年時雙腿便殘廢的男子，在後來的漫長歲月裡，他非常寧靜、幸福。他之所以會這麼幸福，是因為他創作了一部長達五卷的關於玫瑰枯枝病的專著，在人們眼裡，他是這方面的第一流專家。

還有一位世界上最優秀的排字工，他是所有那些有志於創新字體的人的榜樣。但是，那些有聲望的人對他的尊重所給予他的快樂，遠不及他運用自己的技巧時獲得的真正快樂——這一快樂與優秀的舞蹈家從跳舞中獲得的快樂大致相當。

對此我們相信，在工作時間裡，他們建設性的本能是得到了充分的滿足。人們習慣於認為：在如今的機器時代，技術性工作所提供的快樂比過去的手工時代更少了。確實，今天技術工人從事著與過去迥然不同的工作，但是在機器經濟中，他仍然具有舉足輕重、不可或缺的地位。那些製造科學儀器和精密機器的人、那些設計師、那些飛機工程師、司機以及其他許多人，從事的仍然是一種幾乎可以讓技能無限發展的職業。

羅素認為，在相對落後的地區，農業工人和農民並不如汽車或火車司機幸福。在自己土地上耕作的農民，時而犁地，時而播種，時而收穫，這種工作確實豐富多彩，但這得看老天爺的臉色行事，而且這些農民也確信這一點。但是，對於製造現代機械的人而言，他能意識到自己的力量，他能感到人類是自然的主人，而不是奴隸。

當然，對於那些僅僅看管機器的人來說，這種工作是極端乏味的，因為他們機械地重複著同樣的操作，很少有變化。而且工作越乏味，他們就越有可能讓機器來操縱。機器生產的最終目的在於建成這樣一種體制：機器從事一切乏味的工作，人類則從事變化多端和創造性的工作。

在這樣一個世界裡，工作的無聊與煩悶，要比人類從事的農耕以來的任何時代都大為減少。在人類開始從事農業的時候，人類便決定屈從於單調、枯燥的生活，以便減少饑餓的威脅。當人們依靠狩獵獲得食物的時候，工作便成了一種樂趣。對此，我們不難從富人們仍以這些祖先的職業為樂的現象中，得到證明。

然而，自從引入了農業生產方式以後，人類便進入了毫無生趣、憂鬱沉悶和瘋狂愚蠢的漫長時期，直到今天，我們才憑藉機器的有益的操作得到了解放。感傷主義者當然可以大談與泥土的親密關係、哈代筆下世故農民的老辣智慧等，但每個鄉村青年的願望之一，便是要擺脫甘心忍受風雨旱澇的奴役、寂寞長夜的境地。他們到城裡找工作，因為工廠和電影院裡的氣氛是實在而親切。一般人的幸福的基本成分，包含著友誼與合作，人們能從工業中，而不是農業中更多地得到它們。

對於大多數的人而言，對事業信仰是幸福的源泉之一。我們並不僅僅只考慮革命家、社會主義者、民族主義者，以及其他的受壓迫國家中的諸如此類的人，我們還考慮到了許多更為卑微的信仰。但是，我們並不想慫恿大家相信，人應該僅僅依靠喜好生活，雖然，這一信仰總能給人帶來美滿的幸福，但是，要想發現一些並不是異想天開的事情也是容易的，並且那些對此事真正感興趣的人們，在閒暇時光也擁有了一種滿足，這足以排解人生空虛的感受。

與獻身平凡事業相近的是沉溺於某一愛好。例如：在傑出的數學家當中，有一位將他的時間平均分為兩部分，一部分用於數學，一部分致力於集郵。我們相信當他在前一部分中沒有取得進展時，後一部分也許就能夠造成一種安慰作用。當然，證明數學理論中的命題的困難，並不是集郵能夠解決的，郵票也不是能被收集的唯一物品。試想，古老的瓷器、鼻菸盒、羅馬硬幣、箭簇以及石器所展示的境界，該使你多麼欣喜若狂，心曠神怡？但是，我們當中的許多人都對這些純樸的快樂置之不理。雖然在小時候體驗過它們，但後來出於某種原因，我們都認為它們與人的成熟不相干，這實在是大錯特錯。我們認為，任何對他人不造成危害的幸福和快樂都應得到珍惜。

讓我們再看一下棒球迷的亢奮的快樂吧！這些棒球迷用熱情而又貪婪的眼光注視著手中的報紙，電台正在轉播那扣人心弦的比賽場面。一位美國第一流的文學家，他的作品以前給人的印象是極端憂鬱的，但是自從那一次以後，結果就不一樣了，當時電台正在報導一場生死攸關的棒球賽的結局，這位文學家忘了自我，忘了文學，忘了世俗生活中的一切煩惱，他高興得狂叫起來，因為他所鍾愛的球隊贏得了勝利。從此以後，我們在讀他的作品的時候，從書中人物的不幸中再也感受不到那種壓抑的感覺了。

雖然如此，在許多情況下，或許是絕大多數的情況下，狂熱和愛好都不是根本的幸福之源，而僅僅是對現實的逃避，是對難以面對痛苦的忘卻。比起其他一切來，根本的幸福更有賴於對人和物的友善的關懷。

對人的友善的關懷是情感的一種形式，但不是那種貪婪的、掠奪的和非得有回報的形式。後者極有可能是不幸的源泉。能夠帶來幸福的那種形式是：喜愛觀察人們，並從其獨特的個性中發現樂趣，而不是希望獲得控制他們的權力或者使他們對自己極端崇拜。

如果一個人以這種態度對待他人，那麼，他便找到了幸福之源，同時他又是別人友愛的對象，他與別人的關係，無論密切還是疏遠，都會滿足他的興趣和感情，他不會由於別人的忘恩負義而憂鬱不歡，因為他從來不求回報，即使有，他也不會去注意。

在另一個人身上，相同的特性會使那個人怒不可遏、暴跳如雷，而在他身上，反而成了樂趣的來源，他平心靜氣地對待這些特性。別人苦苦奮鬥才能獲得的成就，在他則是舉手之勞，不費吹灰之力。他幸福，所以他將是個愉快的夥伴，而這反過來又給他自己增添了許多幸福。

但是，這一切必須出自內心，源自誠意，它絕不能產生源自責任感的自我犧牲的想法。在工作中，它卻是糟糕的；人們只希望彼此喜歡，而不想忍耐、順從。自然而然地、不耗心計地喜歡很多人，也許就是個人幸福的最大源泉。

除了對人的友善的關懷，還有那種對物的友善的關懷，或許這一說法聽起來比較勉強。儘管如此，在地質學家對石塊和考古學家對遺址所具有的興趣中，還是存在著與類似友善的東西，這興趣也應當成為我們對待個人和社會的態度的一個因素，人們不可能對敵對的而不是友善的事物感興趣。一個人因為討厭蜘蛛，為了住到牠們較少光顧的地方，也許會收集有關蜘蛛習性的資料，但這種興趣絕不會產生像地質學家從石塊中獲得的那種快樂。雖然對無生命的東西所表現出來的興趣，不如對待自己的同胞的友善態度在日常幸福的成分中那麼有價值，但它仍然很重要。

世界廣闊無垠，而我們自身的力量卻是有限的，如果我們把所有的幸福都侷限於我們個人的環境之內，那麼，我們就很難避免向生活索取更多的東西，而貪求的結果，一定會使你連應得的那一份也落空。一個人如果能憑藉一些真正的興趣，而忘卻自己的煩惱，那麼，當他漫步回到一個無關個人的世界時，一定會發現自己覓得了平衡與寧靜，使他能用最好的方法去對付自己的煩惱，而同時也能得到真正的、即使是暫時的幸福。

幸福的祕訣在於：使你的興趣盡可能地廣泛，使你對那些自己感興趣的人和物盡量地友善，而不是敵視。

生活的熱情

據某項調查顯示：當被問及是否懂得熱情地面對生活時，百分之五十五的人沒有仔細想過這個問題，百分之三十五的人認為沒有條件熱情地面對生活，只有百分之十五的人考慮過並正在做。其實，熱情地面對生活並不需要你有多少金錢，有多少閒暇的時間，而在於你是否想並去做。熱情地面對生活是一種快樂，在快樂中體會一些人生的哲理；熱情地面對生活是一種心情，享受一種美好的心情；熱情地面對生活是一種珍惜，珍惜生活賦予我們的一切。羅素告訴我們，熱情是幸福和健康的奧祕所在。

羅素認為，幸福的人最普遍、最顯著的代表是熱情。

要懂得何謂熱情，最佳的途徑是，觀察人們用餐時的各種不同的行為。

有些人把吃飯當作一件厭煩的事情，無論食物如何精美，他們總是絲毫不感興趣。他們吃過山珍海味，或許餐餐如此，從未領略過挨餓的滋味，故始終把吃飯看作純粹的古板的事情，像所有其他的事情一樣。吃飯令人厭煩，但不會因此而大驚小怪，因為比起其他事情來，吃飯的厭煩是最輕的；接下來的一些人是病人，他們吃飯是為了完成一項任務，因為醫生告訴他們，為了恢復健康，進補些營養品是必需的；還有一些則是美食家，進餐前他們滿懷期望，結果發現沒有一道菜烹調得夠精美；還有一些貪食者，他們貪得無厭地撲向食物，吃得太多，結果長得很胖，而且愛打呼；最後，有些胃口正常的人，對於他們的食物心滿意足，吃到足夠飽時便會停下來。

在人生的宴席前，人們對生命所奉獻美好東西的各種態度，就像坐在飯桌前對食物所持的不同態度一樣。幸福的人就是最後一種進餐者，熱情與生活的關係，正如饑餓與食物的關係。厭食者對應於苦行者，貪食者與驕奢淫逸者呼應，而美食家則對應於愛挑剔者，後者將生活的一半樂趣指責為缺乏美感。

令人奇怪的是，所有這些類型的人，或許除了貪食者之外，都瞧不起一個胃口正常的人，而自認為比他更優越。在他們心目中，因為饑餓而有口腹之欲是鄙俗的；因為生活絢麗多彩、樂趣無窮所以熱愛生活，也難登大雅之堂。他們在自己幻想的高峰，俯瞰那些他們視為愚蠢的靈魂，予以鄙視，而羅素並不贊同這樣的觀點。

羅素認為，一切心灰意冷都是一種弊病，確實在某種環境中會不可避免地產生；但無論如何，只要它一出現，就應該盡早治療，而不應該將它視為一種高級的智慧。

如果一個人喜歡楊梅，而另一個人則不喜歡，那麼，後者優越在什麼地方呢？沒有抽象的和客觀的證據可以說楊梅是好是壞，愛吃的人說它味道好極了，不愛吃的人則說它味同嚼蠟；然而，愛吃楊梅的人比不愛吃楊梅的人多了一種快樂，就這點而言，前者的生活就多了樂趣，更完美地適應了世界。

在上述這個例子中適用的原則，同樣也適用於更重大的事情。愛欣賞足球比賽的人在這一方面就勝過不喜歡足球的人，而愛好讀書的人則遠勝於討厭書本的人，因為比起欣賞足球比賽，讀書帶來的快樂機會要多得多。一個人的興趣越廣泛，他擁有的快樂機會就越多，而受命運之神操縱的可能性也就越小，因為即使失去了某一種興趣，他仍然可以轉向另一種。生命是短暫的，我們不可能事事都感興趣，但對盡可能多的事物感興趣總是一件好事，這些事物能令我們的生活變得充實。我們都有內省病的傾向，儘管世界萬千姿態呈現於眼前，卻總是專注於內心的空虛，我們千萬不能把內省病的憂鬱看得過高。

從前有兩台製腸機，構造很精美，專門用來把豬肉製成最鮮美的香腸。其中一台機器一直保持著對豬肉的熱情，從而生產了無數的香腸；另一台則說：「豬肉與我有什麼關係呢？我自身的工作比任何豬肉都更奇妙、更有趣。」它拒絕了豬肉，並把工作轉向研究自己的內部構造。而一旦天然的食物被剝奪，它的內部便停止了運轉，而它越研究內部越發覺自己的空虛與愚蠢，所有那些曾經美妙運轉的零件都紋絲不動了，而它始終不明白，這些機器零件究竟能做什麼。這第二台製腸機就像失去熱情的人，而第一台則像是對生活保持著熱情的人。

心靈也是一部奇特的機器，它能把獲得的材料用最驚人的方式結合起來，但是如果缺乏了來自外界的材料，它便會變得軟弱無力。心靈與製腸機的區別在於：由於事件只有在我們對其感到興趣時才能化作經驗，倘若事件不能引起我們的興趣，便對我們毫無用處。所以，一個注意力向內的人會發覺沒有一件事值得去關注；而一個注意力向外的人，在偶爾反省自己的心靈時，會發覺那些極其豐富而有趣的成分都被剖析了，重新組成了美妙的、富有啟迪性的形式。

熱情的形式數不勝數：福爾摩斯偶然在路上撿到了一頂帽子，審視了一會後，他推斷這帽子的主人因為酗酒而墮落，並且失去了妻子的愛情。如此普通的物品都能引起他強烈的興趣，因而對於這樣的人而言，生活永遠不可能單調乏味。試想在鄉村小道上所能見到的各種情形：一個人可能會對鳥感興趣，另一個人可能對草木更關心，還有人或許會留心地質，也有人會關注農事，諸如此類，不勝枚舉。

如果你有興致，那麼，上述中任何一項都會是有趣的，其他的也一樣。一個人只要對其中的一種感興趣，就比不感興趣的人能更好適應了這個世界。

同樣地，不同的人對待自己的同類，態度的差異何其驚人！在一次長途火車旅行中，一個人會對同車的旅客視而不見，而另一個人則會對他們進行歸納、分析他們的性格，並對他們的狀況作出準確的判斷，甚至也許會瞭解到其中幾個人的個人隱私。人們在弄清別人方面所表現出來的差異，也同樣地反映在對別人的感覺之中。有些人總是發現所有人都讓自己受不了，而有些人則會很快地、很容易地與自己接觸的人產生友好的感情，除非有某些明顯的理由，他們才會產生其他感情。

再以旅行為例：有些人可能遊歷過許多國家，他們總是住最好的旅館，吃著和家裡完全相同的食物，約見那些在家鄉見到的富翁，談著和在家裡飯桌上相同的話題。這些人一旦回家，他們唯一的感受只是為結束了昂貴旅行的煩惱而感到如釋重負；而另外一些人，無論走到哪裡，他們都在尋找那些獨特的東西，並結識當地的典型人物，觀察任何有歷史或社會意義的東西，品嚐當地的食物，瞭解當地的風俗和學習當地的語言，回家時給冬夜帶去一些新的快樂歡愉。

在所有這些不同的情形中，對生活充滿熱情的人比那些沒有熱情的人更加優越。即使那些不愉快的經歷，對那些熱愛生活的人而言也是有益的。愛冒險的人喜歡諸如船隻失事、兵變、地震、火災等不愉快的經歷，只要它們不危及其健康，舉地震這個例子來說，他們會驚呼：「地震原來是這樣！」由於這是一樁新鮮事，增加了他們對世界的瞭解，因而他們為此感到高興。

熱情有時是一般化的，有時是專門化，而的確，它有時或許會變得極端專門化。讀過英國旅行家鮑洛著作的人，或許還記得《拉凡格羅》一書中的一個人物：他失去了可愛的妻子，曾因此一度感到生活完全空虛。他的職業是茶商，迫於生計，他必須讀懂茶罐和條箱上的中文說明，而透過一個法籍中國人的幫助，他漸漸地能夠閱讀這些標誌。結果，這件事使他對人生有了新的興趣，他開始熱情研究一切關於中國的東西。

想事先知道一個人會對什麼感興趣是絕對不可能的，不過，大多數人都能對某些事懷有濃厚的興趣，而一旦這種興趣被引發出來，那他們的生活就會從單調、沉悶中解脫出來。但比起對生活的一般熱情來，非常專門的興趣，作為幸福的源泉，是不會令人感到滿意的，因為它很難填補一個人所有的時光，並且總面臨著這樣一種危險：他也許會在某一天理解他特殊愛好的全部，而因此感到興味索然。

羅素認為，真正的熱情，不是那種實際上尋求忘卻的熱情，而是人類天性的一部分，除非它被種種不幸給扼殺了。

年少的兒童對所見所聞的一切都充滿熱情，在他們看來，世界充滿了新奇，故不停地以強烈的情感追求著知識。當然，這些知識不是那種學者式的知識，而是對那種引起他們注意的事物的熟悉過程。

一個從來沒有遭受過重大挫折的人，將保持著對外部世界的天生興趣；而只要他保持這一興趣，他就會發現生活充滿了快樂，除非他的自由受到不適當的限制。

在文明社會中，熱情的喪失大部分是由於自由受到了限制，而這種限制對於我們的生活方式倒是必要的。

原始人一旦感到饑餓，便會去打獵充饑，這當然是受到直接衝動的擺布。一個每天早上按時上班的人，在根本上也受同樣的衝動的驅使，這一衝動即為了生存的需要。不過，在後者的情形中，這一衝動不是直接的，也不是當時就會產生作用的，它是間接地透過抽象詞語、信念和意志發生作用的。當一個人去上早班的時候，他並不感到饑餓，因為他剛吃過早飯，他僅僅知道饑餓會再度光臨，只有工作才是解救這一未來饑餓的手段。

衝動毫無規律，而文明社會中的習慣是有規律的。在原始人那裡，甚至集體的活動都是自發的和衝動的。當部落要去作戰時，鑼鼓聲便振起軍威、激起鬥志，激勵著全體成員從事必要的活動。而現代衝動則不能這麼對待。當一列火車必須於某一時刻啟動時，人們不能用土著的音樂激勵服務生、駕駛和信號士。他們必須做著各自的工作，僅僅因為這些工作必須有人做；也就是說，他們的動機是間接的，他們對活動本身沒有產生任何衝動，而僅僅著眼於活動的報酬，而大部分社會生活都存在同樣的弊病。

在生活中，文明人的衝動時刻面臨著束縛：一個人偶然感到欣喜，他不能在大街上手舞足蹈；而當他感到悲哀時，他又不能坐在台階上哭泣流淚，以免妨礙行人交通。年輕時，他的自由在學校受到限制；成年時，他的自由又在工作時受到約束。所有這些，由於不斷的束縛會產生疲乏和厭倦，因而都使得熱情無法維繫。

儘管如此，如果沒有大量的約束加於自發的衝動，就不可能維持一個文明社會，因為自發的衝動只能產生最簡單的社會合作，而不能產生那些現代經濟組織所要求的高度複雜的合作。為了排除這些抑制熱情的障礙，一個人需要強健的體魄和旺盛的精力，或者，如果他幸運的話，擁有一種他感興趣的工作。

熱情比起必要的工作來，需要更為充分的精力，並且這又反過來要求心理機器的平穩運轉。對此，我們將在後面加以更多的探討。

在女人那裡，由於錯誤的自尊觀念的緣故，在基本上削弱了她們的熱情，這種情形現在雖比以前好一些，但仍然存在。

人們往往認為，女人不該對男人抱有明顯的興趣，也不該在公眾面前表現得過分活躍。為了學會不對男人感興趣，她們往往變得不對任何東西感興趣，或者除了某種正當的行為外，不對其他行為感興趣。教導一種對生活採取消極和迴避的態度，無疑是在灌輸某種對熱情有害無益的東西，無疑是鼓勵某種對自身的專注，這種自我專注是極講體面的女人的特徵，那些沒有受過教育的女人尤其如此。

她們沒有普通人對運動的興趣，對政治漠不關心，對男人持一本正經的態度，對女人抱著暗暗仇視的心理。她們深信自己比其他女人更加體面和規矩。她們自我炫耀說，她們獨善其身，換言之，她們對同胞的冷漠無情，在她們看來，倒成了一種美德。

當然，我們不能因此而責備她們；她們只是接受流行了數千年的女子道德教育罷了，然而她們成為了壓迫制度的犧牲品，本身卻沒有認識到這種制度的罪惡性。在她們看來，所有的不慷慨是美德，慷慨反而是罪惡。

在她們的社交圈內，她們從事著扼殺快樂的活動，在政治舞台上，她們則偏愛壓迫性的法規。

令人欣慰的是，這種人正在逐漸減少，但比起那些生活在解放圈子裡的人所主張的目標，差距還很大。女人所謂的女性美德意識，這種意識從根本上而言，是對生活熱情的無情的摧殘。羅素發現，這一切都是心胸狹隘、氣度褊狹的結果。

羅素認為，在合理的男子美德和女子美德之間，並無差別，並無傳統所說的那種差異。熱情是幸福和健康的奧祕所在，對男人如此，對女人亦如此。

愛的給予

過分膨脹的自我猶如一座監獄，如果你想充分享受人生的樂趣，你就必須從這一監獄中逃脫出來。擁有真正的愛，是逃脫自我樊籬的標誌之一。僅僅接受愛是不夠的，還應該把接受的愛釋放出去，給予別人以愛。愛是溝通人與人心靈的橋梁，你真誠地愛著別人，別人也會同樣對你，這樣的生活將更加和諧，人與人之間將更加融洽。彼此真正關懷的愛是幸福之源。

缺乏熱情的主要原因之一，是一個人覺得不被人愛；反之，被愛的感覺比其他任何東西都更能提高人的熱情。

一個人覺得不被人愛，可能有許多不同的理由：他或許認為自己是個可憎的人，因而沒有一個人愛他；他或許從幼年時期起，便習慣於得到比其他孩子更多的愛；或許實際上他就是一個誰也不愛的人，原因很可能在於早期不幸所引起的自信心缺乏。

感到自己不被人愛的人，可能會因此而採取不同的態度。

為了贏取別人的愛，他或許會不遺餘力地做出種種出人意料的親暱舉動；然而，在這一點上他難免失敗，因為別人很容易識破他這種親暱舉動的動機，而人類天性是對那些最不要求得到愛的人，才最樂意給予愛。所以，那些竭力用親暱的行為去獲取愛的人，往往因為人類的無情而感到幻滅，他從來沒有想過自己試圖購買的愛，其價值遠遠大於他給予的物質恩惠，然而他行為的出發點就是這種以少博多的念頭。

另外一種人，覺得自己不被人愛後，可能會對社會報復，透過煽動戰爭和革命，或是透過運用犀利的筆，像英國文人斯威夫特那樣。這是一種對厄運的英勇反擊，需要剛強的性格方能使人與社會處於敵對的地位，而很少有人具備如此高強的本領。

對絕大多數人而言，如果感到自己不被人愛，只能沉溺於怯弱的絕望之中，僅僅在偶然的一絲羨慕和嫉妒中快慰一番。這些人的生活極端自私自利，愛的缺乏使他們缺少安全感，為了逃避這種不安全的感覺，他們本能地聽任習慣控制自己的生活。那些自願成為單調生活奴隸的人，大多是由於懼怕冷酷的外在世界，他們以為永遠走著老路，便可以永遠逃離。

那些帶著安全感面對生活的人，比起那些在生活中總是感到不安全的人來，無疑要幸福得多，只要這種安全感沒有給他們帶來災難。在大多數情況下，安全感本身就有助於人逃避危險，而另一些人則會屈從於它。如果你要走過一條狹窄的小道，而旁邊是萬丈深淵，倘若你這時害怕了，反而比你不害怕更容易失足。

同樣的道理也適用於人生。當然，一個無所畏懼的人也會遇到突發的災難，但在經過一番艱苦的拚搏之後，他很可能安然無恙、毫髮未傷；至於一個膽怯的人，很可能在荊棘之中暗自悲傷。毫無疑問，這種有益的自信心具有多種多樣的形式。有的人不畏登山，有的人不畏渡海，有的人不畏航空。但是，對於人生的一般自信，比任何其他的東西，更有賴於獲得一個人必不可少的那種適當的愛。

產生安全感的，是接受的愛，而不是給予的愛，雖然在多數情況下是源於相互的愛。嚴格地說，不僅愛，而且敬仰也有同樣的效果。凡是在職業上需要人們敬仰的人，例如：演員、牧師、政治家、演說家等，往往越來越依賴於人們的喝彩。當他們從公眾那裡獲得他們應得的讚譽，他們的生活充滿了熱情，否則，他們便會因不如意而變得落落寡合。大眾的熱情對於他們而言，猶如少數人的盛情厚意之於別人。

受父母疼愛的孩子，是把父母的愛當作自然法則來接受，故他並不看重這種愛，雖然它對於孩子的幸福是那麼地重要。他想著大千世界，想著他的歷程中的冒險，想著長大以後所能碰到的奇遇；但是，所有這些對外界關切的後面，都存在著這樣的一種感覺：一旦災難臨頭，父母就會來保護他。無論由於什麼原因，一個缺乏父母愛的孩子，很容易變得膽怯而缺少冒險性，充滿著畏懼和自憐的心理，也不能用快樂的探險心情面對世界。這樣的孩子，可能在很小的年紀裡便對生死和人類命運等問題沉思遐想，變得性格內向，鬱鬱寡歡，以致於在哲學或神學中尋求虛假的安慰。

世界是一個混亂無序的場所，愉快和不愉快的事都包含在其中，試圖勾畫出一個理性的框架或模式的願望，從根本上而言，是一種恐懼的結果，事實上是一種廣場恐懼症，或是畏懼開闊的場地。一個學生在四周是牆的教室中會覺得安全，而如果他能相信外部世界也同樣狹小安全，那麼當他走在大街上時，也會感到同樣的安全；如果他以前得到更多的愛，他就不會像現在這樣懼怕外部世界了，也不會想要去創造一個只存在於信念中的理想世界。

雖然如此，絕非所有的愛都有鼓勵冒險精神的作用。被給予的愛本身必須是堅強的而非懦弱的，希望對方優越多於希望對方安全，雖然絕不是徹底不顧安全。

如果一個膽小的母親或保姆，總是告誡孩子所能遇到的危險，認為所有的狗都會咬人，所有的牛都是野牛。那麼，會使孩子產生和她一樣的膽怯心理，使孩子感覺到，除了和她在一起，否則自己就不會安全。對一個占有欲過分強烈的母親而言，孩子的這種感覺也許會使她高興，因為她希望孩子依賴於自己，而不希望孩子有自立的能力。在這種情形中，孩子長大成人，遠比孩子沒有得到半點愛的結果更壞。

早期形成的心理習慣可能終身也擺脫不掉。許多年輕人戀愛時，是在尋找一個逃避世界的避難所，在那裡，他們可以在不值得敬仰時受到敬仰，可以在不值得讚美時得到讚美。家庭是許多男人逃避現實的地方，男人從妻子那裡得到以前在不明智母親身上得到的東西，可是當他們發覺妻子把自己當作大孩子時，他們又開始驚愕。

要給最完美的愛下定義，實在不是一件容易的事，因為很顯然，其中包括了某種保護性的成分。對於我們鍾愛的人的損害，我們不會無動於衷。然而，我們認為，對不幸的擔憂，相對於給予不幸的同情，在愛中所起的作用應該越小越好。為他人的擔憂僅僅略勝於為我們自身的擔憂，而且這種擔憂不過是對占有欲的庇護。透過激起別人對自己的擔憂，人們希望能獲得對他們的更為徹底的控制。當然，這就是男人為什麼喜歡膽怯的女子的原因之一，因為透過保護她們，他們就擁有了她們。要表示多少分量的焦慮掛念才不會使受惠者受害，取決於受惠者的性格：堅強而富於冒險精神的人能夠忍受大量的關心而不受其害，反之，一個懦弱的人應該讓他不要奢望這種關心。

接受的愛有兩種功能，至此為止我們還只談及了安全這一種，但在成人的生活中，還有一種更為本質的、生物性的愛，即夫妻間的性愛——父母都會遇到的問題。若不能激發性愛，對任何人而言，都是極為不幸的厄運，因為這剝奪了生活賦予人的最大的樂趣，而這一剝奪遲早會挫傷人的熱情，造成性格內傾。

這一點，男人比在女人更真切，因為總體而言，女人往往愛慕男人的性格，而男人則追求女人的外貌。就這點而言，我們就不得不承認男人顯然不及女人，因為男人在女人身上發現的那些可愛的特質，遠不如女人在男人身上發現的可愛特質值得被追求。不過我們並不是說，完美的性格比漂亮的外表更容易獲得；但無論如何，女人更懂得也更樂意遵循獲得漂亮外表的必要步驟，而男人對於獲得完美性格的方法卻不甚瞭解。

到此為止，我們所談的愛是以人為客體的，即是一個人接受的愛，下面我們要談一談以人為主體的愛，即一個人給予的愛。它同樣有兩種，一種也許是生活熱情的最重要的表現；另一種則是恐懼感的表現。前者是值得稱道的，而後者充其量只不過是一種安慰。

如果你在晴朗的天氣裡沿著秀麗的海岸泛舟遊覽，你會讚美海岸並為之陶醉。這種陶醉完全是一種源自外部的快樂，它與你自己的任何渴求毫無關聯；另一種情形，如果你的船隻失事，你拚命游向海岸，此時你就對它產生了另一種新的愛：那是代表波濤中逃生的安全感，此時與海岸的美醜完全不相干。

對於船隻安然無恙的人的感情來說，越美好的愛，對於船隻失事的人的感情來說則越糟糕。第一種愛僅僅在一個人安全時才有可能，或者說無論如何，這種愛對困擾他的危險視若無睹；相反，後一種愛比其他情況下的愛更加主觀和自私，因為被愛者的價值這時僅在於其提供的援助，而不是其內在的特質。

然而，我們並不是說，這後一種愛在生活中沒有任何的作用。事實上，幾乎一切真實的愛都是上述兩者的混合物，並且只要這種愛確實消除了不安全感，它便會使人對世界感興趣，而這種興趣在危險臨近、恐懼產生時，是被完全掩蓋的。

但是，在承認了這種愛在生活中的作用的同時，我們還必須堅持這樣一個觀點：這後一種愛遠不如前一種愛，因為它基於惡魔般的恐懼，也因為它更加自私。在完美的愛的沐浴下，一個人不應該逃避往日的不幸，而應該期盼嶄新的歡樂。

完美之愛給彼此以生命的活力；在愛中，每個人都愉快地接受著愛，又自然地奉獻愛；由於這種相互幸福的存在，每一個人都會覺得世界樂趣無窮。

然而，還有另一種並不少見的愛：在這種愛中，一個人吸收了他人的生命精華，接受他人給予的愛，卻沒有一點回報。有些生命力旺盛的人便屬於這一類型，他們從一個又一個犧牲品那裡榨取生命，使自己強壯起來，而那些被榨取的人卻日漸消瘦、死氣沉沉。這種人利用別人，把他們當作工具實現自己的目標，卻從不承認他人的目標。在某一時刻，或許他們認為自己愛那些人，但從本質上而言，他們對那些人毫無興趣，他們只關心鼓舞自己活動的刺激因素，而所謂他們的活動也許是毫無人性的那一種。毫無疑問，這是由他們性格的某種缺陷造成，而如果要對此進行診斷或治療，並不是一件容易的事，因為它往往和極大的野心聯繫在一起，且也由於她們把人類的幸福之源從單方面去看的緣故。

羅素認為，彼此真正關懷的愛是幸福最重要的因素之一，它不僅是彼此幸福的手段，也是共同幸福的切合點。

一個人，無論他在事業上的成就有多大，如果他把自己封閉起來，而無法擴展這種彼此關懷的愛，那麼，他便失去了生活的最大快樂。將愛排斥於自身之外的念頭，一般而言是某種憤怒或對人類仇恨的結果，這種憤怒和仇恨產生的原因不外乎青年時代所遭受的不幸，或成年生活中的不公正待遇，或其他任何導致迫害狂的因素。

過分膨脹的自我猶如一座監獄，如果你想充分享受人生的樂趣，你就必須從這一監獄中逃脫出來。擁有真正的愛，是逃脫自我樊籬的標誌之一。僅僅接受愛是不夠的，還應該把接受的愛釋放出去，給予別人以愛，只有這兩者平衡時，愛才能發揮它真正的作用。

工作中的快樂

在羅素看來，工作與幸福有很大的關聯。事實也正如此。不管你的處境有多麼糟糕，你也千萬不能因此而厭惡你的工作。如果因為環境所迫，你不得不做些乏味的工作，也要設法使工作變得充滿樂趣，若以這樣一種積極的態度工作，將得到意想不到的結果。工作可以讓你獲得經驗、知識和信心，工作熱情越高，決心越大，工作效率也就越高。當你充滿熱情地工作時，工作就會充滿樂趣，再也不會把上班當成一件苦差事，而別人也願意聘用你。

工作應該被看作幸福之源，還是不幸之源，尚是一個不能確定的問題。

的確有許多工作是非常單調的，過度的工作又總是令人痛苦的；然而在羅素看來，只要不過度，即使是最單調的工作，對於大多數人而言，也比無所事事要好得多。

工作有各種等級，從僅僅是沉悶的放鬆到最深刻的快樂，視工作的性質和工作者的能力而定。多數人所做的多數工作，本身並沒有多大的樂趣，但即使是這樣的工作也有相當的益處。

首先，工作可以消磨一天中許多時光，而無須一個人決定做些什麼。有許多人，當他們可以隨心所欲地安排自己的時間時，竟惶惶然想不出什麼事情值得一做。無論他們決定做些什麼，他們總覺得一定還有其他更愉快的事情可做，這個念頭使他們非常苦惱。能夠明智地充實閒暇時間是文明的最後產物，但可惜的是，還有許多人沒能達到這個程度。

其次，選擇本身也是很煩人的。除了特別富於創造性的人之外，許多人總喜歡由別人告訴他每小時應該做的事情，只要這命令不是那麼令人不快。許多有閒的富人感覺著無可言喻的煩悶，彷彿這是他們免於苦役償付的代價一般。有時他們可以在非洲追捕猛獸，或坐飛機環遊世界，從中找到輕鬆的感覺。但這種感覺是有限的，尤其在青春逝去以後。所以，許多聰明的富翁努力地工作，好似他們是窮人一般。

因此，人願意工作，首先它可以解除煩悶，一個人做著雖然乏味但必要的工作，也會感到煩悶，但這種煩悶比起百無聊賴不知如何度日的煩悶，就不值一提了。除此之外，工作還有一個好處，即它使假日特別充實愉快。一個人只要工作沒有過分到足以摧殘精力的話，他對於閒暇的時間，比一個整日無所事事的人，一定有更多的熱情。

大多數有報酬的工作和部分無報酬的工作，所具有的第二個好處是：它給人以獲得成功和展露雄心的機會。

在許多工作中，衡量成功的尺度是收入，而只有對那種最好的工作，這一尺度才失去其天然的適用性。人們想增加收入的願望，包含著兩層意義：一是願望成功，二是願望以較多的收入來獲得舒適的心情。無論工作本身是多麼索然無味，如果它能成為獲得聲譽的手段，它就會變得可以忍受，不管這聲譽是世界性的，還是自己的小圈子裡的。目的的持續是幸福長久的最基本的因素之一，對大多數人而言，這主要是在工作過程之中被實現。

許多工作能給人以消磨時間的快樂，也能給人以施展抱負、哪怕是最小的抱負的快樂。這些快樂，能使一個即使從事單調工作的人，比一個無所事事的人要幸福得多。而當工作充滿樂趣時，它給人的滿足比僅僅逃避煩悶的工作所帶來的滿足，要大的多。多少有些興趣的工作，可依次排列成一個系統。我們將從趣味平平的工作開始，一直討論到值得一個偉人傾其一生的工作為止。

使工作變得有趣有兩個主要因素：一是技能的運用，二是建設性。

每一個具有某種特殊技能的人，往往樂於施展出來，直到它變得不再特殊或不能再進步為止。許多工作給人的樂趣，與技巧遊戲給人的樂趣相同。律師或政治家的工作，如同打橋牌一樣，一定包含了妙不可言的樂趣。當然，這不但包括技能的運用，也包括高明對手的明爭暗鬥。不過，即使沒有這種競爭的因素，僅僅是這些技巧的施展就足以使人樂不可支了。一個能在飛機上表演特技的人，哪怕冒著生命的危險，也會在表演中獲得極大的快樂。這種樂趣還可以來自許多並不顯眼的工作，不過強度略差一點。一切需要技能的工作都令人愉快，只要習得的技能能不斷地變化或不斷地得到完善。如果不具備這些條件，那麼，一旦這項技能變得完美無缺，它便不能給人帶來樂趣。一個跑一萬公尺的運動員，一旦過了能打破自己紀錄的年齡，就不再會感到長跑的快樂。幸運的是，在相當多的工作中，許多情勢需要新的技能，於是一個人便可以不斷地、不同程度地對此加以完善，也能從中得到更多的樂趣。

然而，最佳的工作還有另外一個要素，對於幸福而言，它或許比技能的運用更加重要，這便是建設性。

在一些工作中，雖然並不是絕大多數工作，當工作完成時，會留下某些紀念碑似的東西。建設與破壞的差別，我們可以用下列的標準去評判：在建設中，事情的原始狀態是紊亂的，而其終極狀態卻體現了一種目的和意圖；在破壞中，情況恰恰相反，事情的原始狀態體現了一種目的和意圖，而終級狀態則是紊亂的，換言之，破壞者的整個意圖在於造成一種不體現某個目的的事物狀態。這個標準可用於最簡單、最明顯的例子，即房屋的建造和拆毀。建造一幢房屋是依照某一預定的意圖執行的，至於拆毀時誰也不能肯定那些建築材料在拆毀後會是什麼樣子。

作為建設之前的破壞誠然是必不可少的步驟之一，在此它是整個建設的一部分。但常見的情況往往是，一個人從事著旨在破壞的活動，而根本沒想過隨之而來的建設。這種人往往有意隱瞞真實的想法，標榜自己之所以破舊是為了立新。然而，如果這真是一個藉口，人們要想揭穿它很容易，你只需問他接下來建造什麼就行。面對這個問題，他的回答必定是模糊的、心虛的，而對於前面的破壞，他卻說得頭頭是道、神采飛揚。

然而，我們不能否認，在破壞性工作中，如同在建設性工作中一樣，也存在著一定的快樂，那是一種更為狂野的、同時更為短暫的快樂，但它卻不能給人以深刻的滿足，因為破壞的結果很少有令人高興的成分。你殺死了你的敵人，他一嚥氣，你的事情便完成了，因勝利而感到的快意會很快地消失。反之，建設性工作完成時，人們會久久地凝視、欣喜不已，並且這件工作並非完美無缺，因而還有許多事情可做。

最令人滿意的計畫，應該是那種能夠使人從一個勝利走向另一個勝利、永不到頭的計畫。從這一方面來看，建設無疑比破壞更是幸福之源。這樣說也許更為恰當：那些從建設中尋找到的樂趣，比那些從破壞中找到的樂趣，要更為持久，因為一旦你內心充滿了仇恨，你就不能像別人一樣在建設中輕而易舉地獲得快樂。

而且，幾乎沒有別的東西能像一件建設性勞動一樣，更易於治好仇恨的惡習。

從一種偉大的建設性事業的成功中獲得的滿足，是生活能夠提供的最大快樂，雖然不幸的是，在它的最高的形式上，只為那些才華超群的人所獨有。在一項非常重要的工作中，一個人所獲得的成就感是誰也剝奪不了的幸福，除非這項工作最終被證明是低劣的。這類幸福具有多種不同的形式。一個人依靠灌溉而使荒地長出綠草，他這時獲得的快樂便是最明確的一種。創建一個組織也許是件極為重要的工作，在混亂中確立起秩序的工作的也不例外。

在現實生活中，建設性工作的快樂，雖如事實所示，或許是少數人的特權，但是，這少數人並不少。任何人，只要他是自己工作的主人，他便能感到這一點，其他所有認為自己工作是有益的，而且需要相當技能的人也都能感到這一點。

在如何從整體上看待自己的生活這一問題上，人與人之間存在著較大的差異。在有些人心目中，這種看法是很自然的，而且認為以相當快樂的心情來做到這一點是幸福的關鍵。對於另一些人而言，生活是一連串不相關的事件，其間缺乏統一性，其運動也沒有方向。羅素認為，前一種人生觀比後一種更可能獲得幸福，因為前者能夠慢慢地為自己營造一個環境，從中他們能夠獲得滿足和自尊，不像後者隨著情勢的推移，東撞一下西撞一下，永遠找不到一個落腳點。視生活為一個整體的習慣，無論在智慧方面，還是在道德方面，都是重要的一部分，應該在教育上予以鼓勵。始終一致的目標，不足以使生活幸福，但它卻是不可缺少的條件。而始終一致的目標，主要體現在工作之中。

閒情逸致

一個追求幸福的人，應該在生活賴以建立的主要興趣之外，明智地設法培養一些閒情逸致。閒情逸致，可以讓你在緊張的工作之餘，得到最充分的放鬆和休息；閒情逸致，可以讓你保持一定的比例感，體驗到某種深沉的快樂；閒情逸致，可以讓你戰勝不幸，成為一個真正幸福的人。

我們在本節所要探討的，不是生活賴以建立的重要興趣，而是那些充實閒暇時間的、使人在從事嚴肅的事務之餘能夠鬆弛一下的次要興趣。

普通人的生活的主要內容，乃是妻兒、工作和經濟狀況。即使他有婚外情，他對這種戀情的關注，也還不如此戀情可能對他的家庭生活造成的影響來得深切；此外，與工作密切相關的興趣，羅素認為不是閒情逸致。例如：一個科學家，他必須緊密關注著自己研究領域的進展，而在這個領域的研究中，一旦遇到與之密切相關的東西，他的感情便是熱烈而鮮明。然而，如果他注意一下本行以外的另一門科學研究，他的心情就大不相同了，既不用專家的眼光，也不那麼挑剔，即使他必須緊隨作者的思想，他仍然會放鬆的閱讀，因為這與他的職責毫不相干，而如果他對這本書很感興趣，他的興趣也是閒逸的，因為這種興趣是不能用在與自己領域相關的書上。我們本章所要討論的，便是這類處於人們生活的主要活動之外的興趣。

憂鬱、疲勞、精神緊張的原因之一，便是不能對與自己生活無關的東西產生興趣。結果是，清醒的頭腦不停地思考著某些問題，其中也許還有焦慮和擔憂的成分。

除了睡眠以外，清醒的頭腦永不停歇，而讓無意識中的思想慢慢地孕育其智慧，結果是容易興奮，缺乏洞察力，煩躁易怒，失去了平衡的意識。所有這些既是疲勞的原因，又是疲勞的結果。當一個人感到疲乏，他對外界便漸漸失去了興趣，因興味索然就不能從這種興趣中得到寬慰，於是他更加疲乏。這一惡性循環很容易使人的精神徹底崩潰。

對外界的興趣之所以有休息的功能，是因為它們不需要有任何實際行動。作出決定和付諸實踐，都十分容易令人疲憊，尤其是在倉促之間而得不到無意識的幫助的時候。有些人在作一項重大決斷之前，往往習慣於先「睡上一覺」，真可謂明智之舉。但是，無意識活動不僅在睡眠中作用，也在清醒的頭腦用在其他方面時發生作用。一個人工作一完成便將它遺忘，直到第二次重新開始時再想起，那麼，他的工作，一定比那種在休息的時間仍操心費神的人更加出色。

羅素指出，要把工作在應該忘記的時候忘記，相對於一個在工作之外有許多其他興趣的人而言，比一個沒有其他興趣的人更容易辦到。然而，值得注意的是，這些興趣絕不能再次運用已被日常工作搞得疲憊不堪的官能，也不需要意志和決斷的參與，不該像賭博一樣含有經濟意味，也不可過於刺激，使感情疲倦，使無意識和意識都不得安寧。

有許多娛樂活動都能符合上述條件，如看比賽、進劇場、打高爾夫球。對於一個嗜書如命的人而言，讀一些與自己職業無關的書籍是一件好事，因為無論你所煩惱的是一件如何重大的事情，總不該把全部的清醒都花在上面。

一切閒情逸致，除了具有重要的放鬆功能之外，還有許多其他的裨益。首先，它有助於人保持一定的比例感。一個人很容易全身心地投入到事業上、社交圈中，以致於忘記了在整個人類活動中自己是如何渺小，世界上有多少事情絲毫不受自己的作為影響。

在擺明這些強調個人渺小事實的同時，我們還將擺出另一組事實，使人從內心裡感受到個人也可以變得偉大。

一個人一旦懂得了——不管多麼短暫，多麼簡略——能使靈魂變得偉大的東西後，卻仍然卑鄙偏狹、自私自利，仍然為渺小的不幸所困擾，仍然懼怕命運的安排，那他絕不會幸福。凡是具備偉大靈魂的人，其心胸都是開闊的，能讓世界上每一隅的風自由吹入，他將人生、世界和自己，都盡可能看得真切；他將覺察人類生活的短促與渺小，覺察已知的宇宙中一切有價值的東西都集中在個人心中。而且他知道，心靈反映出整個世界的人，在某種意義上，和世界一樣偉大。一旦擺脫了任憑命運操縱的恐懼感，他就可以體驗到某種深沉的快樂，在經歷外部生活的一切滄桑之後，在靈魂深處他仍然是個幸福的人。

不談這些涉及面極廣的話題，讓我們回到更切合的題目上來，這個題目就是閒情逸致的價值問題。

另外一種觀點也能使這些興趣有助於增進人的幸福，哪怕是最幸運的人，也會遇到不如意的事。除了單身漢，很少有人不曾和自己的妻子吵過架；很少有父母不曾為兒女的疾病憂心忡忡；很少有商人不曾遇到過經濟難關；也很少有專業人士不曾遭遇失敗。在這種時候，若能把自己的興趣轉向憂慮事情以外，是一種極好的舉動。在這種時候，即除了憂慮之外一籌莫展的時候，有人便去下棋，有人去讀偵探小說，有人迷戀上普通天文學，還有的人去閱讀關於巴比倫發掘情況的材料，這四種人的行為都是明智的；反之，那些不以消遣來分散心思，任憑焦慮緊緊攫住自己的人是不明智的。而一旦要採取行動的時刻來臨，他卻再也沒有應付能力了。

同樣的觀點也可以應用於某些無法彌補的憂傷，如至愛的人的死亡等，在此類情形中，沉溺在悲哀裡並沒有什麼好處。悲哀是免不了的，也在意料之中，但我們應當竭盡所能加以限制。某些人在不幸之中提取每一滴憂傷的做法，只不過是滿足他們的感傷氣氛；當然，我們並不否認一個人可能被憂傷壓垮，但我們仍然堅持，每一個人都應該盡自己最大的努力逃避這一厄運，應尋找一些消遣，以分散心思，無論這些消遣如何瑣碎，只要沒有害處、不至使人墮落就行。

羅素認為，所謂有害的或使人墮落的消遣之中包括酗酒和服用毒品，它們以暫時地毀滅思想為目的。而恰當的做法不是毀滅思想，而是將它引入新的管道，或至少是一條遠離當前不幸的管道，但這一點很難做到。如果一個人的生活向來集中在少數的興趣上，而這少數的興趣現在又充滿了憂傷，那他就很難轉移焦點。

承受厄運降臨明智的方法，是在快樂的時候便培養相當廣泛的興趣，使心靈能找到一處不受騷亂的地方，此時它能喚起其他的聯想和思緒，而不是那些當下難以忍受的痛苦聯想和思緒。

一個富於活力與熱情的人，能透過發掘新的興趣，不把世界看得過於狹小，以致於使人難逃厄運的世界觀，戰勝所有不幸；而被一次或數次的失敗擊倒，不能被認為是多愁善感而加以讚美，而應被看作缺乏活力而給予惋惜。我們全部的情感都受死神主宰，他隨時可以奪走我們所愛之人的生命。因此我們的生活範圍不應該如此狹窄，以致於把我們生活的全部意義和理想，聽憑偶然性擺布。

基於上述原因，一個追求幸福的人，應該在生活賴以建立的主要興趣之外，明智地設法培養一些閒情逸致。

努力與放棄

羅素年輕的時候，曾輕蔑而憤慨地拒絕過中庸之道，因為那時他崇拜英雄式的極端主義；但隨著年齡的增長、知識的淵博，他漸漸感覺到：中庸之道或許是一種乏味的學說，但在許多事實中卻是真理。在羅素看來，努力與放棄與人生幸福有很大的關係。他指出，幸福不像成熟的果子那樣，僅僅依靠幸運環境的作用便會落到手中，幸福必須是一種努力，而放棄在獲得幸福的過程中也有著重要的作用。聰明的人雖然不願意在可以避免不幸的狀況坐以待斃，但他也不願意在不可避免的災難上徒費時間和精力。人生如戲，每一個人都是自己的導演，我們只有懂得努力與放棄，才能徹悟人生，擁有幸福的生活。

必須保持中庸之道的原因之一，是在於保持努力與放棄之間的平衡的需要，而兩者都曾有極端的擁護者。擁護放棄學說的，是一些聖徒與神祕主義者；擁護努力說的，是效率專家和強壯的基督徒。這兩個對峙的學派各有一部分真理，但並不是全部的。我們打算在本節內尋找出一種平衡，先從努力方面入手。

這世界充滿了如此之多，可以避免或不可避免的厄運、疾病、心理癥結、鬥爭、貧窮和仇恨，一個人若想獲得幸福，就必須找到一些方法應付每一個人都可能碰到的諸多不幸。在極少數情況下，幸福的獲得無須多大的努力：一個性情溫和的男人，繼承了一筆巨大的財產，身體健康、愛好簡單，他可以終身舒適地生活，而不知憂傷、恐懼為何物；一個美貌而又好逸惡勞的女人，如果嫁給了一個富有的丈夫而無須操勞，並且如果婚後不怕發胖，生兒育女方面又有好運氣，那麼她同樣可以享受一種懶散的幸福。

然而，這樣的情況並不多見。大多數人並不富裕；許多人並非生來性情溫和；許多人有著不安的情緒，使他們不能忍受寧靜而有規律的生活；健康是無人能夠把握的福氣；婚姻也非一成不變的幸福之源。由於種種原因，不管是誰，幸福必須是一種追求，而非上帝的恩賜，而在這一追求中，內部努力與外部努力都具有極大的作用。內部努力可能包括必要的放棄，所以目前我們只討論外部努力。

無論是誰，當一個人要為生活而工作時，他的努力是顯而易見的，用不著我們多說。不錯，印度的托缽僧不必費力，只要伸出他的盂缽來接受善男信女的施捨就能生活；但在西方各國，當局對這種謀生之道並不贊同。而且，西方的氣候也使這種生活不及比較炎熱而乾燥的地方來得愉快，無論如何，冬季很少有人願意到寒冷的屋外遊蕩，而不願意待在溫暖的室內工作。因此，單是放棄在西方來看，並不是一條幸福之路。

對於西方國家中的絕大多數人而言，僅僅溫飽的生活不足以帶來幸福，因為他們還需要有成功的感覺。在某些職業中，例如科學研究中，那些並無豐厚收入的人可以在成功的感覺中得到滿足；但是，在大多數職業中，收入變成了唯一的成功的尺度。在這一點上，我們觸及到了一種事實：在絕大多數情況下，由於在這個充滿競爭的社會中，只有少數人才能獲得耀眼的成功，所以，適度的放棄是必要的和可接受的。

努力在婚姻中是否必要，這要視不同的情形而定。在那些某一性別的人居於少數的地區，這個性別的人一般無須多大的努力，就可以獲得滿意的婚姻。然而，如果這一性別的人居於多數，那情形則恰好相反。在女子占多數的地區，她們為了結婚所費的努力與心思是很顯著的，只要研究一下婦女雜誌上的廣告就可以知道；在男人占多數的地區，他們為達到結婚的目的，往往採用更加直截了當的方法，如以暴力要脅，這很自然，因為大多數男人是經常處於文明的邊緣的。如果有一場瘟疫只讓男人倖免而使他們成為多數，我們真不知道他們會怎麼辦，他們也許又會回復過去殷勤而又豪爽的風度。

成功地哺育兒女，顯然需要極大的努力，對此無人能夠否認。凡是信奉放棄主義以及被誤解了的「精神至上」的生活觀的國家，總是有極高的兒童死亡率。藥物、衛生、無菌操作、合適的食物等，如果不依靠世俗的職業就不可能獲得。這些東西使人獲得應付物質環境的能力和智慧。凡是將物質看成幻像的人，往往也無視汙穢不潔的存在，導致孩子的死亡。

然而，放棄在征服幸福的過程中也有著一定的作用，這種作用比努力所起的作用並不遜色。

聰明的人雖然不願意在可以避免的不幸面前坐以待斃，但他也不願意在不可避免的災難上徒費時間和精力，而且即使這些災難本身是可以戰勝的，但只要它們會引起時間和精力的過分消耗，以致妨礙他追求更為重大的目標，那麼，他也寧願屈服。許多人為了一點不順心的小事便會焦慮不安或者過分惱怒，這樣就耗費了許多有用的精力。一個人即使在追求真正重要的目標時，也不應該陷得太深，使可能出現失敗的想法長久地困擾著自己，威脅心靈的平靜。在實際工作中，效率與我們對這一工作的感情並不協調。實際上，感情有時倒是效率的絆腳石。恰當的態度應該是：盡力而為，把得失留給命運去安排。

放棄有兩種形式，一種來自於絕望感，一種來自於倔強的希望。前者是不好的，後者是好的。

一個人遭受了徹底的失敗，以致於對一切重大的成就失去了希望時，很可能會學會絕望的放棄。如果他真的學會了這種放棄，他便會放棄一切重要的活動。他可能用宗教的教義，或藉著冥想才是人類真正目標的學說，來掩飾他的絕望。然而，無論他用何種偽裝來隱藏內心的失敗感，歸根究柢他是無用的和不幸福的。

把放棄建築在倔強希望上的人，則與前者有完全不一樣的行動。倔強的希望一定是偉大而非個人的。無論我做什麼，我可能死亡、可能生病、可能被對手擊敗；或者可能發現自己走了一條不明智而永不能成功的路。無論情形如何，純粹個人希望破滅的命運是無法避免的，然而，如果個人希望只是人類的偉大希望的一部分，那麼，個人希望的破滅就不會是徹底的失敗了。一個希望有偉大發現的科學家可能會失敗，或因某種疾病而不得不放棄工作，但如果他由衷地希望科學進步，而不僅僅希望個人有什麼貢獻，那麼，他絕不會如一個純粹由自私動機驅使的科學家那樣感到絕望。諸如此類的人，所關切的是人類的命運，而不僅僅是自己能否參與其中，因此，他們不會因為放棄而陷入徹底的絕望之中。

以上所說的放棄都很難做到，此外還有一些放棄做起來要容易得多。在這種情形中，只是次要的目標受到了挫折，而人生的主要目標依舊有成功的希望。例如：一個從事重要工作的人，如果由於婚姻的不幸而苦惱，那麼，他就是不能在應該放棄的地方放棄；如果他的工作足以使他沉溺，他就應該將這類偶然的麻煩視為潮濕的天氣一般，當作一件不值得大驚小怪的事情。

有些人不能忍受那些小麻煩，殊不知那些小煩惱可以填滿大部分的生活。如果這些人沒趕上火車，他們會大發雷霆；如果飯煮糊了，他們會怒火沖天；如果爐火漏煙，他們會陷入絕望；如果洗衣店沒有及時送還衣物，他們會發誓要對整個工業體系進行報復。這些人在小麻煩上所浪費的精力，如果使用得明智的話，足以建成或毀滅一個帝國。明智的人則不會注意到女僕沒有拂去灰塵，廚子沒有煮好馬鈴薯，掃帚沒有掃去煙垢。我們並不是說他即使有時間，對之也不採取辦法加以補救，我們只是希望他不要動用感情對待它們。

焦慮、煩躁、惱怒，都是毫無用處的感情。那些強烈地感到這些情緒的人，也許會說他們無法克制這類情緒；然而，除了上面提及的基本放棄之外，還有什麼辦法可以克制它們。集中精力於實現偉大的而非個人的希望，不僅能使一個人承受住個人工作中的失敗、或婚姻生活的不幸，而且也使他在沒趕上火車、將雨傘掉在泥沼中時不再煩躁不安。如果他是一個天性易怒的人，我們也不知此外還有何種方法可以應用。

一個從焦慮王國中解放出來的人，將發現生活遠比他惱怒的時候輕鬆得多。熟人的怪癖以前會使他失聲而呼，現在只覺得有趣；在他匆匆忙忙趕早班火車的時候，鞋帶斷了，他只作臨時補救，之後便想到，其實在廣闊宇宙中，這件雞毛蒜皮的小事沒什麼大不了；他正在向人求婚，一個令人生厭的鄰居突然來訪，求婚被打斷，這時他想到，所有的人都可能遇上這一不幸，唯一的例外也許是亞當，但亞當也有自己的煩惱。依靠奇特的比喻和怪異的類比，人們可以無限地從小小的不幸中找到慰藉。

許多充滿活力的人認為，哪怕是最小的放棄、最雅緻的幽默，都將消耗他們工作的精力，同時正如他們相信的那樣，損及他們取得成功的決斷力。這些人是不正確的，那種值得一做的工作，即使那些在工作的重要性上、或者在完成工作的難易程度上並未自我欺騙的人，也可以順利地完成。而那些只有靠了自我欺騙才能工作的人，最好在開始工作前先學會如何接受真理，然後才繼續其工作，因為靠騙人的鬼話來支撐的需要，或遲或早會使他們的工作變得有害無益。而有害之事還是不做為好。

世上有一半有益的工作，是在與有害的工作互相鬥爭。把少量的時間用於學會鑑別事實，這不是浪費，因為以後所做的事便不大可能是有害的，而那些需要自我的一貫膨脹來刺激其精力的人，他們做的工作就不同了。在面對自我的真相時，雖然開始時會有一定的痛苦，但最終卻給予你一種保護——唯一可能的保護——使你免遭自欺者常有的失望和幻滅感。沒有什麼比天天試圖相信越來越變得不可信的東西更令人疲倦了，如果長此以往，那就是更令人惱怒的了。放棄這一努力，是獲得可靠而又持久的幸福的必要條件。

幸福的人

幸福，顯然一部分靠外界環境，一部分靠個人自己。羅素發現，在涉及個人自己的範圍內，幸福的竅門是很簡單的。在外界環境並不是極端惡劣的情況下，一個人應該能夠獲得幸福，只要他的熱情和興趣不是向內發展而是向外發展。所以，我們都應該避免自私自利的情欲，盡可能地去獲得那些阻止我們的思想永遠專注我們自身的情愛和興趣。

許多人認為，如果沒有一種多少含有宗教成分的信仰，不可能會幸福；還有許多人認為，他們之所以不幸福，是由於他們的憂傷有著錯綜複雜而高度的理智根源。我們並不相信，那是幸福或不幸福的真正原因，而認為僅僅是現象。通常，一個不快樂的人會採用不快樂的信仰，而一個快樂的人則會採用快樂的信仰，兩者都將快樂或不快樂的原因歸之於各自的信仰，事實上真正的原因卻截然相反。

對絕大多數人而言，某些東西是必不可少的，而這些東西也是簡單的：衣食住行、健康、愛情、好的工作以及來自同伴的尊敬。對某些人而言，擁有兒女也是必需的。在缺少這些東西時，唯有非凡的人才能獲得幸福。但是，如果一個人並不缺少這些東西，或透過正當的努力能夠獲得它們，而他仍然不快樂，那他必定存著某種心理上的失調，或許需要一個精神分析學家的幫助，但在通常情況下，病人自己也可以醫好這種失調，只要他把事情安排恰當。

在外界環境並不是極端惡劣的情況下，一個人應該能夠獲得幸福，只要他的熱情和興趣不是向內發展而是向外發展。所以，在教育方面和在我們適應世界的企圖方面，我們都應該避免自私自利的情欲，盡可能地去獲得那些阻止我們的思想永遠專注我們自身的情愛和興趣。

大多數人在監獄裡是不會感到幸福的，這是他們的天性，而把我們幽禁在自身內的情欲中，的確是一所最可怕的監獄。在這類情欲中，最普遍的是：恐懼、嫉妒、罪惡感、自憐和自我欣賞。在這些情感中，我們的欲望都集中在我們自己身上：對外界沒有真正的興趣，只是擔心它在某方面會傷害我們或不能滿足我們的自我。

人們極不情願承認事實，急切地想躲進溫和的謊言長袍裡，主要的原因是恐懼；然而，現實的荊棘刺破了長袍，刺骨的寒風從裂縫裡長驅直入，這時一個已經習慣於溫暖舒適的人，比一個從一開始就艱苦磨練自己的人，要遭受更多的痛苦。何況一個自欺的人往往心裡知道他們欺騙自己，他們整天恐懼多疑，擔心某些不利的事情迫使他們沮喪地面對現實。

自私自利情欲的最大缺陷之一，在於很少使生活豐富多彩。一個只愛自己的人，當然不會由於情愛的雜亂而受人指責，但最後他必然會感到煩悶不堪，因為他熱愛的對象永遠沒有變化。一個受著負罪感折磨的人，承受著一種特殊的自戀之苦。在如此廣大的宇宙中，他覺得最重要的莫過於自己的品行高潔。鼓勵這種特殊的自我專注，是傳統宗教所犯的最嚴重的錯誤。

一個幸福的人，以客觀的態度安身立命，他有著自由的情愛和廣泛的興趣，因為這些興趣和情愛，也因為它們使他成為他人的興趣和情愛的對象而快樂。能成為被愛的對象，這自然是幸福的一大源泉，然而，索取愛的人並非就真正得到了愛。廣義地說，得到愛的人正是給予愛的人。但是，如果像為了利息而放債那樣，一個人在精打細算之後才給別人以愛，這是無益的，因為有算計的愛不是真誠的，得到愛的人也不會感到它是真誠的。

那麼，一個被囚禁於自身之內而感到不幸福的人又該怎麼做呢？如果他總是想著自己不幸福的原因，他就依然是自私自利的，永遠也逃不出這個牢籠；而如果他要解脫，就得借助於真實的興趣。

雖然困難確實存在，但如果他能正確診斷自己的問題所在，他能做的還是很多的。例如：要是他的問題源於意識的或無意識的罪惡感，那麼，他首先可以使自己的意識明白，他沒有理由感到罪孽深重，然後，把合理的信念植於無意識之中，同時做些多少是中立的活動。如果他成功地清除了罪惡感，那麼，真正客觀的興趣大概會自然而然地產生的。要是他的問題源於自憐，那麼他首先可以讓自己明白，在他周圍並沒有什麼天大的不幸，然後，再用上述的方法去解決這一問題。要是他的問題源於恐懼，那麼讓他做一些有助於培養勇氣的練習：

每天你至少承認一個令你痛苦的真理，你會發現這非常有益。你得學會去如此感受：即使你在品德上、才智上遠不如你的朋友們（當然事實並非如此），人生依舊值得體驗。這種練習，幾年後最終能使你面對事實而不畏懼退縮，並因此將你從大範圍的恐懼中解放出來。

當你戰勝了自我專注的毛病，至於以後你能有什麼樣的客觀興趣，那只能由你的天性和外界環境決定，你的客觀興趣會由此自然產生，並不需要你去費心。不要一開始就對自己說：「如果我能迷上集郵，我一定會幸福。」並由此開始集郵，結果你可能發現自己對集郵並不感興趣。只有真正讓你感興趣的東西才會對你有益，但是，你完全可以相信，一旦你學會了不沉溺於自身時，真正客觀的興趣便會自然產生。

在很大的程度上，幸福的生活猶如善良的生活。職業道德家們太偏重自我克制，因此他們把重點放在了錯誤的地方。有意識的自我克制，使一個人變得專注於自己，並清楚地知道自己的犧牲，結果在當前的目的上，它往往失敗了，在最後的目標幾乎落空。人們需要的不是自我克制，而是那種向外的興趣，後者能產生自發的、不經雕琢的行為，而相同的行為，在一個專注於追求自身德性的人那裡，唯有依靠有意識的自我克制才能做到。

羅素認為，在他和傳統的道德家所提倡的人生態度之間，存在著一些更加微妙的差別。例如：傳統的道德家往往會說愛情應該是無私的。從某種意義上而言這是對的，換言之，愛的自私不應超過某種程度；然而毫無疑問的是，愛應該具有這種性質，即一個人能從成功的愛情中獲得幸福。如果一個男人向一個女人求婚，理由是他真誠地希望她幸福，同時認為她能給自己帶來自我克制的理想，那麼那個女人能否能獲得幸福便成了一個疑問。

毋庸置疑，我們應該期望自己所愛的人幸福，但不應該將對方作為自己幸福的一種籌碼。實際上，一旦我們對他人或身外之物產生了真正的興趣時，那麼，自我克制學說所謂自我和他人的全部對立便即刻化為烏有。由於具備了這種興趣，人才會感到自己是生命的一部分，而不像撞球那樣，自身只是一個堅硬的實體，除了互相撞擊之外，不再與其他撞球發生任何關係。

所有的不幸福都基於某種分裂或不和諧，意識和無意識之間缺少協作和配合，因而造成了自我分裂，自我和社會的連結要靠客觀興趣和情愛的力量，由於沒有這種力量，又造成了自我和社會的不和諧。一個幸福的人，絕不會遭受這兩種分離的痛苦，他的人格既不分裂來對抗自己，也不分裂來抵禦世界。

這樣的人覺得自己是宇宙的公民，自由地享受著世界五光十色和舒暢快樂，不會被死亡的念頭困擾，因為他感到自己不會真的與後來者分離。

將自我完全自然地融化於生命中吧！無與倫比的幸福在向你招手！

第五章　愛情與婚姻

莎士比亞說：「愛情是生活中的火花，友誼的昇華，心靈的吻合。」然而在生活中，愛情往往被輕視。愛情在人生中需要一個被承認的地位，有一句話廣為流傳：「婚姻是愛情的墳墓。」不是說這句話是真理，而是它道出了一個事實：戀愛中培養的感情，有多少被真實的生活消磨的面目全非。從浪漫的愛情到真實的婚姻生活，有許多的問題需要我們面對，需要我們用心靈的甘露去澆灌，用生活的激情去燃燒。

浪漫的愛情

羅素的一生始終為三種激情所支配：對真理不可遏止的探求，對人類苦難不可遏止的同情，對愛情不可遏止的追求。在他的一生中，愛過多位女性，但他的愛始終真誠。他說：「在愛中我找到了詩人和聖者眼中的天堂，為了那種狂喜，我願意犧牲自己生命中的一切。」關於浪漫愛情的探討，與其說是羅素對愛情問題的見解，倒不如說是他對自己愛情觀點的闡述。

浪漫愛情的本質，在於把愛戀對象視為一種極難得到、十分珍貴的東西。因此，人們必須付出極大努力去贏得愛戀對象的愛情：或是用詩文，或是用歌詞，或是用武藝，或是用其他所能想到的、最能取悅對方的方式。如果認為女人具有極高的價值，那就會產生一種難以得到她的心理；相反，如果一個男人毫不費力地得到一個女人，他就不會採取浪漫的愛情方式。因此，愛情若具有浪漫的成分，就必須是柏拉圖式。

到了中世紀，浪漫的愛情才成為人們普遍接受的愛情方式。假如讓現代人猜想中世紀那些富有詩意的情人心理，將會十分困難，因為他們雖然充滿著熱烈的情感，但對親暱行為卻沒有一絲欲望。這種使現代人感到無法理解的情形，使他們認為中世紀的愛情不過是文學上的一種習慣而已。毋庸置疑，有時這的確是文學上的習慣，而且文學的表現是被風俗所支配；但是但丁在《新生》一書中描述對貝緹麗彩的愛，絕對不僅僅是習慣上的表達，相反，那種情感要比大多數現代人瞭解的更為熱烈。

中世紀那些偉大的宗教人物認為，塵世的生活是醜惡的。在他們看來，人類的本能是腐敗和罪惡產生的根源，他們憎恨肉體的欲望，他們認為純潔的快樂只存在一種超凡脫俗的沉思冥想中，而這種沉思冥想絕不能沾染性的成分。在愛的範疇中，這種觀念只能產生我們在但丁那裡看到的對於愛情的態度，一位深深愛著並尊重某個女人的男人認為，絕不能將她和性交的意念聯繫在一起，因為在他看來一切性交都是不純潔的，因此，他的愛情只能以詩意和想像的形式存在，而且充滿了象徵主義的色彩。這種觀念對於文學創作影響深遠，綜觀愛情詩歌的發展史，從發源於弗雷德里克二世的宮殿中開始，直到文藝復興的鼎盛時期，這種情形屢見不鮮。

然而在法國，由於法國貴族的戀愛思想是由「玫瑰花式的浪漫」所支配，情形和義大利有所不同。所謂「玫瑰花式的浪漫」就是勇士式的戀愛，因為它認為愛情應當可以被滿足。事實上，這是對教會學說的一種反抗，同時也是異教徒的一種主張，因為它認為：愛情在生活中應當有正當的地位。

那是一個極為粗俗的時期，雖然在牧師看來是不道德的，但是「玫瑰花式的浪漫」所倡導的愛情卻很典雅、很豪爽、很溫存。當然，這種思想只能為貴族階級所有，因為這種思想的前提是悠閒的生活，而且能在一定程度上擺脫宗教的羈絆。在騎馬比武中，愛情的動機很明顯，故教會很厭惡這種比武，卻沒有力量抑制它，也無法壓制勇士式的愛情制度。毫無疑問，如果沒有浪漫的騎士制度開闢道路，文藝復興不可能取得那麼巨大的成功。

在文藝復興時期，由於人們強烈反對異教徒，愛情已不再是柏拉圖式了，至於文藝復興時期對於中世紀風俗的看法，我們可以在有關唐吉訶德和他對達西妮亞的描述中一覽無遺；然而，中世紀的傳統尚未失去影響力，西德尼的《愛星者和星星》就深受傳統的影響，莎士比亞的十四行詩也不例外。但就整體而言，文藝復興時期愛情詩的特點乃是歡愉和率直。

「請不要笑我躺在你的床上，因為寒夜幾乎把我凍僵。」

這是伊麗莎白時代一位詩人的詩句。毋庸置疑，其情感率直坦白，而絕不是柏拉圖式的；然而，文藝復興時期的人也深受中世紀柏拉圖式愛情的薰陶，學會了將詩歌作為求愛的手段。《西姆別林》中的克洛汀因為不會寫情詩，受到人們的嘲笑，於是他不得不雇了一個窮文人，然而他只會寫「聽，聽，這百靈」——也許人們會說，這是一種很令人稱讚的努力。

浪漫的愛情，在浪漫主義運動興起的時候，達到了它的極致，人們或許將雪萊作為它的主要提倡者。雪萊戀愛時充滿了高雅情感和幻想，這些情感和幻想都透過詩歌表現出來。他認為產生這些結果的情感完全美好，所以根本不認為愛情應當受到限制。然而，他的理論是建立在不良的心理上：他之所以寫詩，完全是因為他的欲望無法實現。那高貴而不幸的少婦艾米莉亞．維維安妮如果沒有進修道院，他就不會去寫〈靈外靈〉；簡．威廉斯如果不是一個相當賢惠的妻子，他也絕不會去寫《回憶錄》。他所痛斥的那些社會阻力，對於他的事業是一種主要的推動力量。存在於雪萊身上的那種浪漫的愛情，全都依賴於那種不穩定的平衡狀態，在這種狀態裡，習慣勢力的阻礙依然存在，但並不是無法超越；而如果這些阻礙無法超越或不存在，浪漫的愛情就不可能繁盛起來。

然而，愛情並不是以情詩唯一的目的，即使浪漫的愛情沒有藝術上的表現，也可以存在。羅素相信，浪漫的愛情是生活所賦予最大快樂的源泉。如果男女之間的愛情熾熱、充滿幻想和柔情，那麼這種關係中就存在著不可估量的價值，而不瞭解這一點，對於任何人來說都是很大的不幸。重要的是，社會制度應當容許這種歡樂，雖然它只能成為人生的一部分，而不能成為人生的主要目的。

愛情在人生中的地位

生活中，愛情往往被輕視。有人認為，一個人不應該讓愛情妨礙他的事業，假如他因愛情而犧牲事業，那他就是一個傻子；有人認為，人們之所以需要結婚，並非因為愛的熱烈，而是因為有機會做愛的緣故；還有人認為，愛情的充分發展，就不能保持他的個性。對於以上觀念，羅素一一駁斥，並指出愛情在人生中需要一個被承認的地位。

大多數人對於愛情持有兩種令人十分奇怪的態度：一種，是以詩歌、小說、戲劇等文學為主題的愛情；另一種，是為大多數態度嚴肅的社會學家所完全忽視的愛情，他們認為對於經濟或政治改良計畫來說，愛不是必須的，羅素認為這種態度是不正確的。羅素把愛視為人生中最重要的事物之一，任何制度只要對愛進行不必要的干涉，就是壞的制度。

如果我們能正確運用「愛」這個字的話，並不一定指兩性間的關係。愛是含有充分的情感的一種關係，這種關係不單是身體上的，而且是心理上的。愛可以達到任何熱烈的程度。要將愛的情緒藝術地表達出來，這種能力是不多見的，但是愛這種情感本身，至少在歐洲是很多的。在有些社會裡，愛的情緒要比其他社會更普遍些，這並不是因為各地人民性情不同，而是因為各地的制度和風俗不同的緣故。

現代生活中有三大非理智的活動，即宗教、戰爭和愛情；三者都是非理智，但愛情並非反理智的。換言之，即一個有理性的人能夠合理地享受愛情的存在。現代世界裡宗教和愛情之間存在著一種敵對關係，這種敵對是可以避免的，這種情形的產生只是因為基督教與其他宗教不同，它根深蒂固地建立在禁欲主義的基礎上。

然而，在現代世界裡，愛情還有一個比宗教更為危險的敵人，那就是人們工作和經濟上的成功原則。人們普遍認為，一個人不應該讓愛情妨礙他的事業，假如他為愛情而犧牲事業，那他就是一個傻子。但是，在這個問題上和在人類的其他問題上一樣，平衡是必要的。為愛情而犧牲了整個的事業，雖然有時也許是一種悲壯之舉，然而整體來說是愚蠢的；為事業而完全犧牲愛情，同樣也是愚蠢的，而且絲毫沒有悲劇意義上的英雄氣概。然而，在一個普遍以金錢掠奪為目的的社會裡，這種事還是會發生，而且不可避免地要發生。

以一個現代典型的商人的生活為例：從他成人的最初時候起，所有他的最優秀的思想，所有他的最旺盛的精力，都用在發財的事務上，其餘的一切在他看來都是無關緊要的消遣罷了。他年輕的時候不時以嫖妓來滿足肉體上的需要，不久他結婚了，但是他的興趣完全和他太太的興趣不同，也從未和妻子真正親密過。他每天很晚才回家，而且由於工作繁忙早已疲憊不堪。當他第二天清晨起床時，妻子仍在夢中。星期天，他會去打高爾夫球，因為他需要運動以保持健康的身體，為繼續賺錢而奮鬥。在他看來，他太太的興趣大部分是屬於女人的，他雖然贊成卻不想聽她分享。他既沒有時間談婚內的愛情，也沒有工夫有婚外情，不過當他因公外出的時候，也可能偶爾尋花問柳。而他太太在性方面對他多半是冷淡的，這是用不著奇怪的，因為他從來就沒工夫向她求愛。在潛意識裡他感到不滿足，但他不知道是出於什麼原因。他把不滿大部分排遣在他的工作中，有時也排遣在其他不甚合意的方法中，如參觀拳擊比賽，以此獲得一種變態的安慰。他的太太和他一樣地不滿足，於是就在二流的文學中找到一個出路，還折磨那些慷慨和自由的人，藉以維護她的道德。這樣一來，夫妻雙方在性生活上的不滿，就轉而變為相互的憎惡，但表面上還是給人公益精神和高尚道德的假象。這種不幸事情的發生，主要是因為我們對性的需要這一觀念的錯誤理解。

聖保羅顯然主張：我們之所以需要結婚，只是因為有機會性交的緣故。這個觀點曾一致地受到基督教道德家的鼓勵，這些道德先生因為厭惡性愛的緣故，遂對性愛中優美的方面避而不見；結果幼時受了這種教育的人們，活了一世，卻對自己最優良的潛能無所認識。愛情絕不只是性交的願望，而是逃避寂寞的主要方法，這種寂寞使多數男人和女人一生大部分的時間都感到痛苦。大多數人對於冷淡的人世和人類可以達到的殘酷程度，都懷有一種深沉的恐懼，因而他們都渴求人之情愛，而這種渴求的心理又常常被男人的粗暴、鄙陋或魯莽的態度以及婦女的喋喋不休埋沒掉了。只要男女彼此有熱烈的情愛，這種事情就不會發生，愛情可以把自我的堅壁攻破，產生出一個合二為一的新生命。

其實，自然造就人類的時候，並不是叫他們各自孤立，因為除了憑藉異性的幫助，人就不能完成生物學上的目的；並且文明人若沒有愛情，就不能充分滿足他們性的本能。倘若一個人整個生命，肉體的和精神的，沒有一致地參與性關係，性本能完全不能被滿足。那些從未曾經歷過相互愉悅的愛情中，沉酣的親密和真摯情誼的人，實在是失去了生命給予的最美好的東西，他們會無意識地——倘若不是有意識地，感到這種損失；結果，他們因為失望的心理，每每發生嫉妒、欺壓與殘酷的行為。給熱烈的愛情一個適當的地位，成為社會學家應該關注的一個問題。因為假如人們失掉了這種經驗，他們就不能發展到充分的高度，對其餘人們就不能產生仁愛的熱情，而要是沒有這種熱情，他們的社會活動無疑會受到損害。

現代社會裡關於愛情的充分發展，還有一個心理上的障礙，那就是許多人害怕不能保持他們的個性。這是一種愚蠢的恐懼心理，然而又是比較現代化的恐懼。

個體本身並不是一個目的，它必須和外面的世界發生廣泛的接觸。既然要和世界發生接觸，那它肯定不能保持孤零獨立。一個在玻璃箱子裡藏著的個體會萎縮，而一個在與人類接觸中自由發展的個體則變得更加充實。

愛情、子女與工作是繁榮個人與世界上其餘的人發生接觸的源泉。在時間上，三者之中，以愛情為先。並且男女的愛情對於父母子女之愛是很必須的，因為小孩子容易模仿父母雙方的特徵；如果父母彼此不相愛戀，當雙方的特徵在孩子身上表現出來的時候，各人就只欣賞自己的特徵，對於對方的特徵總覺得苦惱。

工作不見得總是能使人與外界作有益的接觸，工作能否發生這種效力，要看我們用什麼樣的精神去工作；以金錢為唯一動機的工作，不會有這種效用；唯有體現某類奉獻的工作，或是對於人的，或是對於事的，或是對於某個理想的，才會有這種價值。

愛情若只是占有性的，它本身就沒有任何價值，它與目的只在於金錢的工作是一樣的。要想愛情發生剛才所說的那種價值，我們的心中必須敬重愛人的人格，有如我們對待自己一樣，並且我們需要知道對方的情感和願望，猶如知道自己的一般。

總之，正如我們看到的，愛情強烈要求在人生中占有公認的地位。

婚姻

羅素指出，越是有文化的人，就越不能與他們的伴侶共享白頭偕老的幸福。有文化的男女只要滿足了以下幾個條件，他們就有可能從婚姻中得到幸福：第一，雙方必須有絕對平等的觀念；第二，對於相互間的自由不能亂加干涉；第三，身體或肉體必須親密無間；第四，對於各種價值標準必須有某種共識，如果一個人以金錢為價值，而另一個人卻以高尚的事業為價值，則是不幸的。只有具備了以上這些條件，婚姻才有可能成為兩個人之間最高尚和最重要的關係。

婚姻是一種法律制度，這自然是它與其他關係的不同之處。在大多數社會中，婚姻還是一種宗教制度，但是，主要的還是法律制度。在此，我們並不打算討論關於婚姻複雜的演變歷程，而是要弄清楚能夠給予婚姻幸福和不幸的各種情況，以便使我們的探討對我們的生活有所裨益。

如果我們能夠綜觀整個社會，問問自己，到底什麼條件促進婚姻的幸福、什麼條件造成婚姻的痛苦的時候，我們將會得到一個不可思議的結論：越是有文化的人，越無法與伴侶白頭偕老、共享幸福。

通常來說，婚姻在那些沒有多少差別的人們中極為容易。如果一個男人和其他男人沒有多少差別，而且一個女人和其他女人也沒有多少不同，那就不會存在因沒有和其他人結婚而後悔的理由；但是，如果人們的情趣、追求和事業存在著千差萬別，那麼就會要求與伴侶情投意合，故當他們發現所得到的與所期望的相差甚遠時，就會感到心理不平衡，這樣的婚姻意味的是痛苦。

還有另一個條件可以造就幸福的婚姻，那就是社會上的單身或獨處的女人稀少，並且男人與其他女人社交機會少。如果男人除了自己的妻子之外，沒有與別的女人發生性關係的可能，那麼除了太壞的婚姻之外，大多數男人都會滿足於現狀，他們會覺得這是完全可以接受的。對於妻子而言也是如此，尤其是對於那些從不奢望婚姻會帶來很大幸福的女人。換言之，如果夫妻雙方都沒有奢望從婚姻中得到更大的幸福，那麼，他們的婚姻或許可以成為快樂的婚姻。

因此，社會風尚的穩定也是可以防止所謂不幸的婚姻的。如果婚姻的契約被認為是最終的、不可反悔的，那就沒什麼能刺激我們去胡思亂想，以為可以獲得更多的快樂和幸福。在這種思想之下，為了保證家庭的和平、夫妻的和睦，只要夫妻的行為與人們所公認的道德標準相去不遠就可以了。

在當今世界有文化的人們中間，那些可以造成所謂幸福的條件，是不存在的，因此，那種歷經數年而仍然是幸福的婚姻，是非常罕見的。有些不幸福的原因與文化有關，但是，如果男女雙方比現在更有文化，其他一些因素的影響是微乎其微的。讓我們首先討論一下後者。

在這些因素中，最主要的是不良的性教育，而不良的性教育在富人中，比農民中普遍得多。農家子弟很早就對所謂生活的事實司空見慣，因為他們不但在人類中看到，在動物中也可以觀察到，因此他們既不無知，也不過分講究；相反，那些受過精心栽培的富家子弟，卻對性的實際知識一無所知，即使那些最現代派的父母，雖然他們根據書本教育子女，但他們無法使子女見識到農家子弟早已熟知的、現實中正常的親暱行為。

其實，這一切可以透過良好的性教育解決。事實上，現代青年所受到的性教育，比他們父母或祖父母所受到的教育要好得多。在過去的婦女中普遍存在著這樣一種信念：因為她們從性中得到的快感比較少，所以她們在道德上比男人高尚。這種態度使夫妻無法形成坦率的伴侶關係。其實，這種態度的本身就是完全錯誤的，因為不能從性中得到快感，暫且避開道德不談，這種失敗實屬生理或心理上的缺憾，正像不能從食物中得到快樂一樣。

然而，現代婚姻不幸的其他原因，卻沒有那麼容易處理。羅素認為，那些放蕩不羈、有文化的人，無論是男人或女人，就他們的本能而言，一般都主張多配偶的。他們可以深墜情網，可以若干年完全鍾情於一個人；但性的愛撫遲早會失去熱情，於是他們開始在別的地方尋求從前的那種興奮。自然，憑藉道德的力量是可以控制這種衝動的，但要想使這種衝動不發生卻很困難。隨著女性自由的提高，夫妻不忠貞的機會比起以前增加了許多。機會產生意念，意念產生欲望，如果沒有宗教上的顧慮，欲望就會付諸行動。

婚姻因為婦女解放而在許多方面變得更加難以維持。以前，妻子必須順從丈夫，而丈夫卻不必順從妻子。現在，許多妻子根據婦女對於個性和事業的權利，不願意過分地順從她們的丈夫，而那些仍在嚮往男性統治舊傳統的男人，卻又看不到他們應當順從的理由。這種現象的產生與私通有很大的關係。過去，男人偶爾越軌，他的妻子是不知情的。即使她知道了，那男人只需要承認他錯了，並使她相信他已悔過就可以了。另一方面，妻子通常是貞潔的。如果她不貞潔，而且這一事實又為她丈夫所知，就會導致婚姻破裂。現代的許多婚姻表明：雖然夫妻間從未有過公開的爭吵，但是，卻有一種無須相互間的忠貞而仍然存在的嫉妒本能，往往會使親密的關係難以持久。

此外，現代的婚姻還有另外一個困難，那些最能意識到愛情價值的人對此感受最深。愛會發展，只要它是自由和自發的；如果認為愛是一種責任，它就會消逝。如果有人說，愛某個人是你的責任，無疑這會使你去恨他。如果把愛情和法律聯繫在一起，婚姻就成了一件兩敗俱傷的事。

毫無疑問，由於婚姻而拒絕來自他人的一切愛情，就意味著減少生活體驗、同情心以及和有價值的人接觸的機會。以最理想的觀點為根據，這是在摧殘人生中最美好的經歷。就像一切含有約束性的道德那樣，這會助長所謂「警察的人生觀」——總是在尋找禁止什麼事的機會。

由於這些原因，婚姻就成為一件十分困難的事。如果我們要使婚姻不成為幸福的障礙，必須找到一種新的方式才行。人們時常提到一種解決方法，那就是容易實現的離婚。當然，我們並不認為容易實現的離婚是解決婚姻痛苦的最佳方法。即使雙方的品行都很端正，對於沒有孩子的婚姻，離婚往往是解決問題的正確途徑。但是，如果有了孩子，婚姻的穩定性就將成為一件至關重要的事情。我們認為，如果婚姻已經導致生育，而且雙方對於婚姻的態度是理智而高尚的，那麼，我們就應當希望這個婚姻是能終身維持的，但是，這並不排除婚外性關係的存在。如果一個婚姻在起初的時候是有熱烈的愛情的，而且產生了雙方所期望和喜愛的孩子，那麼，這種婚姻應當在男女雙方之間形成一種深切的關係，使他們感覺到，在他們的伴侶生活中存在著一種極其寶貴的東西。即使在性欲衰退之後，即使在一方或雙方都感到自己的性欲只有為他人才會存在的時候，也是如此。

嫉妒是美滿婚姻的天敵。嫉妒，雖然屬於一種本能的情感，但也是可以克制的，只要我們承認它是罪惡的，並且不把它當成是正當的道德上的憤怒體現。一種持續多年，而且有過許多深切經歷的婚姻生活，它具有愛情初期所不具有的豐富內容，儘管愛情初期可能是非常快樂的。

夫妻雙方必須明白，既然婚姻有實現它的可能性，那麼無論法律怎樣規定，他們在各自的私生活中都必須是自由。

試婚

從某種意義來說，羅素是贊成試婚，他認為就開放的社會而言，試婚是有好處的，它可以使青年人的性關係得到穩定，而不致於出現一團糟的情形。毫無疑問，試婚有其進步的一面，但我們要提醒「新潮」的人們，三思而後行。快樂與悔恨近在咫尺，是一個硬幣的兩面，多走一步，會滑落到尷尬的境地。

按照理性的道德標準，沒有孩子的婚姻並不算什麼，並且，沒有孩子的婚姻很容易破裂。男女之間的性關係，只有透過孩子才能贏得法律的認可，才能對社會產生意義。當然，這不是教會的觀點，教會受聖保羅的影響，仍然把婚姻當作是避免私通的救濟方法，而不把它當作傳宗接代的手段；但近年來，甚至連牧師們都意識到了，無論男女都不會等到結婚才有性交的經驗。

就男子而言，倘若他們的失節是由於結交娼妓，並且隱藏有方，他們就比較容易地被人寬恕；但是，除了娼妓以外，傳統的道德家對於女人的所謂不道德行為就難以容忍了。但在歐洲大戰以後，美國、英國、德國、斯堪地那維亞半島的情形都大有改變，許多良家婦女不再認為保持「貞操」會有意義，而青年男子也無須尋找娼妓以求發洩，因為他們可以和他們想要娶的女性（如果他們比較富有的話）發生性關係，這種現象在美國似乎比英國更普遍。

林賽法官曾經在美國丹佛的少年法庭服務多年，因此對於觀察上述事實，有著絕無僅有的機會。他提出了一種新制度，即被他稱之為「試婚」的制度；不幸的是，他因此而丟了職務，因為他提倡這一制度是為了促進青年的幸福，而不是為了使他們意識到性的罪惡，但三K黨和教會聯合起來把他驅逐了。

其實，試婚是一個明智的保守主義者的建議，目的在於使青年的性關係能夠稍稍穩定，以免除出現一團糟的情形。林賽法官指出了那種明顯的事實：青年之所以不結婚，是由於缺乏金錢的緣故，而婚姻之所以需要金錢，一半是因為子女的關係，一半是因為妻子不便負擔自謀生活的責任。他的觀點是，年輕人應該能夠實現一種新的婚姻，這種婚姻有三個特徵與普通的婚姻不同：

第一，他們暫時不應該有孩子，因此他們應該獲得最科學的避孕知識；

第二，只要沒有孩子，妻子又沒有懷孕，那麼經過雙方同意，就可以離婚。

第三，離婚時，妻子不應該獲得贍養費。

他確信，如果這種制度得到法律的認可，絕大多數的青年，例如大學生，就會進入一種比較持久的伴侶關係，並且避免了那種混亂的性關係。他舉出實例，證明已婚的青年學生比起未婚的學生的功課要更好些。顯然，工作和性在較為持久的關係中，比在充滿混亂和刺激的曖昧關係中更容易結合。要說兩人同居比兩個人分居的花費會更大些，這是毫無根據的。因此，現在使青年人拖延不敢結婚的經濟上的理由將不復能成立。

羅素相信，如果法律採納了林賽法官的建議，一定會產生很有益的影響，並且這種影響在道德上是一種進步。

然而，林賽法官的建議，卻引起了美國所有的中年人以及大多數報紙的恐慌，說他侵犯了家庭的神聖莊嚴；說他寬容志不在生育的結婚，實際上等於在法律上大開淫蕩之門。對於林賽法官所說美國人婚外性關係的普遍性，他們認為未免言過其實，敗壞了美國純潔的婦女人格，據美國人自己的意思，大多數實業界的商人直到三十或三十五歲都能節欲自愛。

我們相信，在如此評論的人中間，有些人是誠心誠意的。若我們注意聽痛罵林賽法官的言論，所得的印象是，他們認為確定的理由有兩個：第一，林賽法官的建議不會得到基督的稱許；第二，即使是美國教士中的那些自由主義者也不會贊同。第二個理由似乎更有力量，事實上也的確更有力量，因為第一個理由純粹是假設的，不能得到證實。我們卻從未聽到過有誰發表言論，可以勉強假裝來證明林賽法官的建議會減少人類的幸福。我們不得不得出這樣一個結論，就是那些宣揚傳統道德的人，認為人類的幸福是無關緊要的。

羅素雖然相信試婚是朝著正確的方向努力邁出的一步，可以帶來很多的好處，但是羅素認為這個制度還不很圓滿。有大量證據表明，如果要求人們在不知道性生活是否和諧的情況下，就貿然建立一種終身關係是荒謬的。這有如一個人想買一幢房子，卻不能獲許在成交之前看到房子一樣荒唐。

羅素指出，要是我們充分認識婚姻傳代的目的，那麼正當的道理應該是：在妻子第一次懷孕之前，任何婚姻在法律上都不應該受什麼束縛。目前的觀念是：如果性交不能實現，婚姻就是無價值。但是，婚姻的真正目的不在於性交，而在於生孩子，因此在孩子成為現實之前，婚姻不能視為圓滿。這種觀點的成立依靠於——至少是部分地依靠於——把生育，與利用避孕方法進行純粹的性關係這兩件事區分開來。避孕方法改變了性和婚姻的整個面貌，使性和婚姻區分開來，這是前所未有的。

總之，男女的結合，或是賣淫式的純粹性關係；或是試婚式的伴侶關係；或是為了建一個家庭，這些都是不同，但沒有一個道德能夠適應現代複雜的環境。

家庭生活

有一句話流傳的很廣：「婚姻是愛情的墳墓。」不是說這句話是真理，而是它道出了一個事實：戀愛中培育出的感情，有多少被實實在在的生活消磨的面目全非。這大概是因為家庭生活的實在與愛情的浪漫之間存在相當大的距離的緣故吧！羅素提醒我們，從浪漫的愛情走進了實在的家庭生活，有許多問題需要我們面對：如何讓自己的孩子健康成長？如何扮演好自己的生活角色？如何使夫妻間的關係更加和諧？

在這一節裡，我們將討論家庭關係對於個人性格的影響。這個問題可分為三個方面：

第一，對孩子性格的影響；

第二，對母親性格的影響；

第三，對父親性格的影響。

當然，這三者很難分開，因為家庭是一個組織嚴密的單位，凡是影響父母的東西，同時也可以影響孩子。儘管如此，我們仍將試著將以上三方面區分開來討論。

一、對孩子性格的影響

如果我們相信佛洛伊德的觀點，那麼孩子對於家庭其他成員的情感，似乎有點敵對的情緒。一個男孩憎恨他的父親，是因為他把父親看作他的情敵。對於他的母親，他懷有傳統的道德所極其憎惡的感情。他憎恨他的兄弟姐妹，因為他們分去了父母的一部分注意力，而他只希望父母的注意力能夠全部集中在他一個人身上。這些不安分的情緒，在他長大的時候，會有種種不好的影響，最輕的則是同性戀，而最壞的則可以使他患躁鬱症。

出乎我們的意料，佛洛伊德的這種觀點並沒有引起多大的恐慌。誠然，一些大學教授因為相信這種學說而被革職；英國的警察也曾把當代傑出的人物霍默·萊恩送去流放，就是因為他實行了佛洛伊德的學說。在此，對於佛洛伊德有關孩子情感觀點的對與錯，我們必須做出客觀公正的評價。首先，應該承認，最近幾年有關孩子的大量試驗使我們認識到，佛洛伊德的理論比我們以前猜想的，含有更多的真理。儘管如此，我們仍然認為，佛洛伊德的理論僅代表了真理的一個方面，並且只要父母處理得當，很容易使這一方面變得無關緊要。

讓我們先從伊底帕斯情結談起：嬰兒的性欲無疑比佛洛伊德之前的任何人所想像的都要強烈。我們甚至認為，在嬰兒時代對異性愛的情感是很濃厚的，這比我們從佛洛伊德的著作中所看到的還要強烈。一個不明智的母親，很容易完全無意識地使年幼的兒子對異性愛的情感，集中在她自己身上。毋庸置疑，如果真是這樣，佛洛伊德所指出的那些惡果也許就會產生。但是，如果母親的性生活尚能使她滿意，那種情形就很可能不會發生，因為在這樣的情況下，她不必向她的孩子尋求那種只應從成年人那裡得到的情感滿足。純潔的父母之間的衝動是一種撫養孩子的衝動，它並不要求從孩子那裡直截了當地得到愛情。因此，如果一個女人在性生活中是快樂的，她會主動避免產生從孩子那裡尋求一切不正當的情感上的反應。

因此，一個快樂的女人也許要比一個不快樂的女人更能成為賢良的母親；然而，沒有一個女人能夠保證她永遠快樂，所以在不快樂的時候，她應當有一定的自制力，以避免向孩子索取不正當的情感。這種程度的自制，並不很難做到，只是以前它的必要性並沒有被人們充分認識，於是母親對孩子的那種過分愛撫的行為被認為是正當的。

其實，孩子的異性情感，可以向其他的孩子找到一種自然的、健康的、天真的出路；在這種方式內，他們是遊戲的一部分，並且和所有的遊戲一樣，為將來成人的活動作一種預備。因此，一個孩子在三、四歲以後，為他的感情發展，需要有其他異性的孩子作伴，單是他的兄弟姐妹還不夠，還要其他同齡的孩子作伴。現代的小家庭，對於孩子早期的健康發展未免過於閉塞和限制，但這並不是說，這樣的家庭就不是合宜的兒童環境的一部分。

兄弟姐妹之間的嫉妒，在家庭中是很普遍的。在以後的生活中，這種嫉妒有時還會造成殺人狂和較為嚴重的精神錯亂。這種嫉妒心，除了程度較深的之外，只要父母及其他管教兒童的人肯費點心控制他們的行為，一點也不難預防。當然，父母絕不能在玩具、待遇、關心等方面有所偏愛，父母必須抱著十分公正的態度。在新添小弟弟或小妹妹的時候，父母必須留心使別的孩子不至於認為他們對於父母已經沒有以前那麼重要了。凡是有嚴重嫉妒事件發生的地方，那肯定是因為大人對這些簡單的措施過於忽視的緣故。

因此，如果要使家庭生活對孩子的心理產生良好的影響，就應該具備以下幾個必要的條件：父母，尤其是母親，必須盡可能使自己的性生活快樂；父母雙方都要避免與孩子產生那種會引起孩子不良反應的情感關係；在兄弟姐妹中一定不能厚此薄彼，而應完全公平地對待他們；孩子三、四歲以後，家庭不應成為他們的唯一環境，而要讓他們把相當一部分時間用在與同齡孩子的交往上。如果這些條件都實現了，則佛洛伊德所擔心的那些惡劣的後果，就不容易發生了。

另一方面，如果父母的情感是正當的，那無疑會促進孩子的健康成長；而那些得不到母親的熱烈情感的孩子，往往是瘦弱而神經質的，而且多患躁鬱症。父母的愛情能使孩子在這紛亂的世界裡感到安全，並使他們獲得進行探索和在周圍環境中探險的勇氣。使孩子感到自己是熱烈愛情的客體，這對於孩子的精神生活是必不可少的，因為他會本能地感到他是孤獨和弱小的，需要得到只有愛情才能提供的那種保護。如果想讓孩子長成為一個快樂、大度和無畏的人，那麼，就需要使他從周圍的環境中得到只能來自父母愛情的一種溫暖。

聰明的父母還能為他們的孩子提供另外一種幫助，雖然直到現在還沒有多少人這樣去做：就是父母可以透過最適當的途徑，使孩子明白性和父母身分的事實。如果孩子瞭解到性是存在於生育自己與父母之間的關係，他們就會知道性最崇高的形式以及性在生理上的目的。從前孩子對於性知識的獲得，總是借助於下流的笑話和令人難以啟齒的快感啟蒙，這往往給孩子留下了深刻的印象，使孩子很難對性相關的問題抱持高尚的態度。

二、對母親性格的影響

在母親心理上，家庭的重要性如何，是很難加以估量的。羅素認為，一個婦女在懷孕和哺乳時候，通常都希望得到男人保護，這是她本能的要求。毫無疑問，這種情感是從類人猿遺傳下來的。在我們如今這個紛雜的社會裡，一個認為自己用不著男人保護的女人，大概有著某種不正常的好鬥心和剛愎自用。不過，這種心理狀態只是部分本能的。如果國家對有孕的婦女和有小孩的母親及其小孩，都有完善的照顧管理，則婦女的這種心理狀態就會大大減少，甚至會完全消失。

中學到的兩性知識，是人類結構的事實，但單純的性關係，即使它是熱烈的，並不會因兩性間的切磋而得到滿足。在撫養孩子這一莊嚴事業中的合作，以及歷經多年的伴侶生活，可以形成一種對雙方都十分重要和豐富的關係。這種關係比男人對孩子不負責任時所具有的那種關係，要重要和豐富得多。但我們並不認為，從情感教育的觀點上看，那種生活在純女性的環境中或者很少與男性接觸的母親，能像那種有幸福的婚姻並在一切事情上與丈夫合作的母親那樣疼愛孩子（個別情況除外）。然而，我們也必須看到許多與此相反的情形。如果一個女人在婚姻中是極不幸福的——這絕不是一種偶然現象——她的不幸感會使她在對孩子的關愛中很難具有那種正常的情感平衡。在這種情況下，如果她與孩子的父親分開，無疑她能成為一位更賢良的母親。我們因此又得出那個十分平凡的結論，即幸福的婚姻是美好的，不幸的婚姻是醜惡的。

三、對於父親性格的影響

家庭問題在個人心理上，對父親的影響是重要的。在研究中，我們瞭解到在古代父權家庭的發展和婦女的屈從地位關係緊密。由此我們可以斷定，父親的情感具有極為濃烈的熱情。由於一些難以推測的原因，這種情感在高等文明的社會裡，總不如在其他的社會中強烈。雖然如此，即使在最文明的社會中，大多數男人還是具有這種情感的。男人之所以結婚，正是由於這個原因，而不是因為性饑渴的緣故，因為男人不結婚照樣可以輕而易舉地得到性的滿足。

有一種理論認為，生兒育女的欲望在女人中比男人中更強烈，事實上恰恰相反。在現代許許多多的婚姻中，之所以生兒育女，都是由於婦女對男人的一種讓步。畢竟，婦女生孩子總要面對分娩的痛苦，還有損害容顏的可能，而男人卻沒有這些令人焦慮的事情。男人之所以要限制家庭的發展，往往是由於經濟的原因。當然，女人也有這種原因，只是她還有自己特殊的理由。職場上的男人不惜花費金錢、犧牲物質上的安逸，以使他們的子女受到良好的教育，這可以證明他們希望生兒育女的欲望是多麼地強烈。

如果享受不到目前父親的地位所賦予他們的權利，男人是否還想要孩子呢？有許多人說，如果男人可以不負責任，他們會不顧一切地隨意生孩子。羅素並不贊成這種說法。一個希望得到孩子的男人，也會希望得到孩子帶來的責任。在普遍實行避孕的今天，孩子往往並不是男人追求快感時的意外事件。誠然，無論法律怎樣規定，男女總是需要一種長期性的結合，因為只有在這種結合中，男人才能享受到那來自父親身分的樂趣。但是，如果法律和習俗都贊成孩子僅屬於母親的觀點，女人就會覺得任何與現有婚姻相似的東西都會侵犯她們的獨立，而且會給她們對於孩子的絕對占有權帶來不必要的損失，因為她們本來是可以獨自享有這種占有權的。因此，我們應當明白，男人不容易說服女人放棄法律所賦予她們的權利。

優生學

優生學是透過精確細緻的方法，去改變人種生理特點的一種嘗試。優生學所根據的思想是達爾文學說。其實，優生學思想更為直接的先驅，是極力強調人類遺傳基因的法蘭西斯．高爾頓。關於優生學有許多爭論，有人認為，一個成年人性格的形成主要取決於先天遺傳；還有人認為一切依賴於教育，遺傳不起任何作用。對此，羅素認為，還沒有資料顯示，人的智慧究竟哪一部分屬於遺傳，哪一部分屬於教育。要想科學地解決這一問題，就必須把數千對剛剛出生的孿生子分離開來，並盡可能地用不同的方式去教育他們才行，然而，這種試驗不具有多大的可行性。關於優生學的問題，羅素還有許多精彩的論述。

優生學分為兩種：一種是積極的，另一種是消極的。積極的是鼓勵優良人種的繁殖；消極的是禁止基因缺陷孩子的生育。羅素認為，目前消極的優生學比較切實可行。在美國有些州，消極的優生學取得了長足的進展，並且在英國，減少不健全孩子的出生也被列入了可行的政策中。對於這些措施，任何人出於自然的理由反對，我們相信沒有正當理由。大家都知道，智力低下的女人容易有許多的私生子，所有這些私生子對社會是極大的負擔。如果禁止這種女人生育，她們肯定會比較快樂，因為她之所以懷孕並不是因為喜歡孩子，當然智力低下的男人也是一樣。但是，這種制度也有很嚴重的危險，因為當局容易把不同的意見或反對言論都看成是智力低下的表現。不過，這些危險或許是值得的，因為透過這種方法可以大大減少白痴、呆子和弱智的人數。

禁止生育的辦法，在羅素看來應該有確切的限制，使它只適用於心智有缺陷的人。羅素並不贊成愛達華州那樣的法律，因為那種法律要求禁止生育的範圍是：「心智有缺陷者、癲癇病人、習慣性犯罪分子、道德敗壞者和性反常者。」這後兩種人的人定義極為模糊，如何才算道德敗壞和性反常，在不同的社會、不同的地方有不同的定義。依照愛達華州的法律，則蘇格拉底、柏拉圖、凱撒與聖保羅，都在被禁止生育之列；此外，習慣性犯罪很可能是精神錯亂所致，至少從理論上而言，這種病是可以用心理分析的方法治癒，而且不具有遺傳性。

無論在美國或英國，關於這類問題的法律制度都沒有徵求心理分析家的意見，因此他們把完全不同的病狀硬歸結到一起，究其原因，不過是由於有著相似的症狀。換言之，這些法律與這個時代的知識相比，差不多落後了三十年。它說明了這樣一個事實，就是在科學尚未得出定論，而且這些定論至少在數十年內沒有異議之前，對這類問題立法十分危險。如果不認識到這一點，他們就會把錯誤的主張塞進法律，以贏得官員的歡心，相當程度阻礙了更好主張的實行。

羅素認為，目前只有心智缺陷這一項可以充分地確定，足以將它編入這個範圍的法律中去。心智缺陷可以利用客觀的方法判定，而官方也不會有什麼異議；而所謂道德敗壞，只不過是一個觀念問題。例如：在一個人看來，這個人是道德敗壞的；但在另一人看來，這個人卻具有先見之明。羅素並不是說，將來也不應該擴大法律的範圍。而只是說，如果科學知識尚不能達到這個目的，如果社會允許它的道德去冒充科學，那將是非常危險的。

我們現在來討論積極的優生學，這種優生學具有更為有趣的可能性，雖然這種可能性屬於未來的事情。積極的優生學，是設法鼓勵高智商的父母生育眾多的子女。目前的情形卻不盡如人意。例如：一個非常聰明的小學生，也許要到他成為專家以後才結婚，而那時他的年齡已經達到三十或三十五歲，但是，與他同齡的那些智力平平的孩子，卻在二十五歲左右就結婚了。在專業人才的階層中，子女的教育費用是一個極大的負擔，因此，他們總是嚴格地限制他們家庭的人口。他們的平均智力要超過大多數人，因此，這種限制是令人遺憾的。處理這一問題最簡單的方法，是允許他們的孩子受免費的教育一直到大學畢業。這就是說，提供獎學金與其按孩子的成績，不如按父母的價值。這樣做，還有一個附帶的好處，就是可以免除臨時用功和過度用功的弊病，這種弊病常常使大多數極為聰慧的青年，在未到二十一歲之前，智力上和體力上就因為過分緊張而受到損害。

但是，無論在英國或是在美國，想要國家採取任何措施，真正能夠使那些專業人才建立人口眾多的家庭，恐怕是不可能的。妨礙這件事的，就是民主。優生學的觀念是建立在人是不平等的假定上的，而民主所倡導的與之恰恰相反。因此，在一個民主的社會裡，推行優生學的思想，從政治方面來說相當困難。因為優生學思想認為優良人種數量很少，但它卻不承認低劣人種也屬於少數。

所以，大多數人都贊成民主而不贊成優生學，這使得民主得到大多數人支持，優生學卻為大多數人反對。

儘管如此，每一個思考這個問題的人都清楚，雖然目前很難確定什麼人算得上最優良人種，但在這方面的區別是毋庸置疑的，並且不要多長時間，科學也許可以對這些區別做出判斷。我們可以設想一下，如果我們要求一個農夫必須使它的所有小公牛機會均等，他會有怎樣一種感覺！事實上，留做種牛的公牛，完全是根據母親的產奶能力精心挑選出來。透過科學繁育，各類家畜已經有了極大改良，所以人類也可以透過類似的方法得到理想改良。

當然，誰也無法確定我們理想中的人類究竟是什麼樣的。如果我們以強壯的體魄為目標來繁育人口，就有可能降低人類的智力；如果我們以聰慧的智力為依據來繁育人口，就有可能使人類更易受到各種疾病的侵襲；如果我們尋求產生情感的平衡，我們就有可能毀滅人類的藝術。在這方面，我們尚未掌握必要的知識。因此，目前就在積極的優生學方面大張旗鼓，還為時過早。但遺傳學和生物化學在未來一百年裡，將有長足進展。所以，繁育出一種大家公認的優於現代人的人種，並不是一件難事。

離婚

二十世紀初，歐洲受英國維多利亞女王時代嚴厲的宗教性禁錮的影響極深：嚴格的終身一夫一妻制束縛著人們，即使感情完全破裂的夫妻也不準離婚。到了二十世紀二三十年代，情況有了一定的改觀，但仍不盡人意。羅素對不合理的宗教性禁錮、關於婚姻的法律進行了批評，並倡導婚姻自由，提出了婚姻革命的主張。跟隨羅素的蹤跡，我們可以瞭解數十年前人類的婚姻狀況。

在大多數時代和大多數國家裡，因為某些原因，離婚是被允許的。人們從來沒有把離婚當作一夫一妻制家庭的替代物，只是因為一些特殊的理由，婚姻繼續下去實在令人無法忍受的時候，人們才用離婚的方法來減輕痛苦。有關離婚的法律，在各個時代和各個地區是不同的。在美國，離婚的法律也是南北有別的：在南卡羅萊納州不準離婚，在內華達州則極易離婚。在許多非基督教的國家中，丈夫極易獲准離婚；而在另一些國家裡，妻子也不難獲准離婚。摩西的法律允許丈夫提交離婚申請；天主教視婚姻為聖禮，無論如何都不准離婚。但實際上，如果確有許多證據表明婚姻無效，事情還是可以通融，尤其是涉及上層人物的時候。在基督教的國家，對離婚的寬大程度是與人們信奉新教的程度成正比。密爾頓曾撰文贊成離婚，因為他是新教的忠實信徒，而在英國、美國、蘇格蘭大多數新教地區，都是贊成離婚。

關於離婚問題，羅素認為，在那些拒絕以精神錯亂為理由離婚的國家裡，那些妻子或丈夫患有精神病的男子或婦女，就落入了難以忍受的境地。其實，除了神學的迷信之外，我們毫無理由去擁護這種情形。這不但適用於精神病人，而且也適用於花柳病、習慣性犯罪和習慣性酗酒的人。總體而言，所有這些都會給婚姻帶來危害。它們使夫妻生活成為一紙空文，使所生的孩子不合人意，使孩子和不正常的父母得到不應有的接觸。因此，在這種情形之下，反對離婚的理由只能是：婚姻是一個陷阱，不小心的人既然落網受騙，就得透過受苦來達到清心寡欲。

當然，真正的遺棄應當成為離婚的理由，因為事實上的婚姻已經終止，法律不過是承認這個事實而已。然而，從法律的立場而言，這種做法會帶來一個非常棘手的問題。因為，如果遺棄可以作為離婚的理由，那就會引起連鎖反應，使遺棄現象變得普遍起來。此外，有許多法律承認的離婚的理由，也會存在同樣的問題。許多已婚男女非常迫切地希望離婚，以致他們會主動去創造法律所許可的一切離婚條件。例如：法律如果規定虐待可以成為離婚的理由，那常常會發生這樣的情形，夫妻雙方預先約定，丈夫在傭人面前毆打妻子，以作為虐待的依據。事實上，無論離婚的理由怎樣規定，許多人還是會刻意去做，以製造這些理由，達到他們的目的。我們現在姑且不管法律上的困難，繼續探討實際上使婚姻維持下去是不好的那些情形。

在羅素看來，通姦本身不應作為離婚的理由，事實上，一個人一生中必定偶爾會產生強烈的通姦衝動，但這種衝動絕不意味著他們的婚姻失去效用。即使有了這種衝動，可能夫妻之間仍然有強烈的感情，而且雙方仍希望婚姻能天長地久。例如：一個男人因事要離開家庭好幾個月，如果他身強力壯，無論他心中怎樣愛他的妻子，要始終節制性欲是很難辦到的事情，而這同樣適用於他的妻子。這種情形之下的不忠貞，不應成為日後幸福生活的障礙，換言之，只要夫妻之間根本的感情沒有動搖，他們就沒有離婚的必要。

羅素認為，合理的離婚理由有兩種：

第一，由於夫妻中某一方有問題，如精神病、酗酒和犯罪行為；

第二，夫妻關係不和睦。

夫妻關係不和睦主要有以下表現：雙方雖然從不爭吵，但無法和睦生活。雙方均從事重要工作，而且工作要求雙方必須分居兩地。其中一方雖然不討厭另一方，但對第三者卻一往情深，以致認為婚姻是一種無法忍受的束縛。在這種情況下，如果法律不能適時給予幫助，夫妻間很容易產生憎恨的心理。事實上，正如大家所知道的那樣，這種狀況很可能會導致謀殺。如果婚姻破裂是由於雙方不合，或某一方對第三者懷有非常深切的愛慕之情，法律不應輕易地做出否定的判決。因此，遇上這種情形時，離婚的理由最好是雙方同意。只有因為一方確定有缺陷，致使婚姻破裂的時候，對於離婚才不需要徵得雙方的同意。

制定關於離婚的法律，的確有很大的困難，因為法律怎樣規定，法官總被自己的情感所支配，而丈夫和妻子也會極力歪曲立法人的本意。按照英國法律，雖然夫妻之間的協議並不能作為離婚的依據，但人人皆知，夫妻之間實際上是常有這種協議的。在紐約，人們往往走得更遠，他們會僱傭偽證人，以通姦作為可依法判決離婚的憑據。從理論上說，虐待完全可以作為離婚的充分根據，但對虐待的解釋卻可以達到荒誕無稽的程度：一位著名的男影星被他的妻子以虐待的理由向法庭請求離婚，其虐待證據中的條款之一，是他經常邀請朋友到家裡談論康德。

避免出現這種混亂、欺騙和荒誕現象的唯一途徑是：在任何情況下，如果沒有那種顯而易見的理由，如精神病，證實一方的離婚申請，離婚都必須徵得雙方的同意，這樣雙方就會在法庭之外解決一切有關經濟方面的問題，而且雙方也沒有必要僱傭精明之人，去證實對方的不法行為。應當補充的一點是，當性功能障礙導致無法生育時，我們應當同意解除婚約。這就是說，如果沒有孩子的夫妻希望離婚，而且持有關於妻子不能懷孕的醫生證明，他們便可以離婚。孩子是婚姻的目的，把人們束縛在一種不能生育的婚姻中，真是一種殘酷的欺騙行為。

我們如果完全根據孩子的利益來看待婚姻，就會得出一種截然不同的道德觀。凡是疼愛孩子的父母都應當約束自己的言談舉止，以使他們的孩子獲得幸福和健康成長的最佳條件。有時，這需要父母具有極大的自我克制力，而且無疑要求父母認識到孩子的權利遠比他們自己的浪漫情感重要。對此，羅素認為，輕易離婚的父母，實屬沒有盡到做父母的責任，當然要排除那些因重大原因而離婚的夫妻。羅素指出，在法律上對已婚男女進行強制約束，很可能於事無補，他們真正需要的是：第一，互相給對方一定程度的自由，使婚姻變得更容易為人們所接受；第二，認識到孩子的重要性。

性和個人幸福

羅素倡導的性道德實際上是解放兩性的性道德，不是用以前捆綁女性的道德繩索捆綁男性，而是幫女性鬆綁，讓她們獲得與男性一樣的自由和權利。但羅素也因此而走向了極端，主張兩性的性解放和性自由，並賦予「婚外情」等現象合法化，羅素也因此遭到了厄運，甚至丟掉了在美國大學裡的教職。但無論如何，羅素的理論有其積極的因素，他主張婦女解放，看到了傳統道德對人類的束縛，認為嚴酷的道德通常對情欲有負面影響，因此一個表現出這種負作用的人往往充滿著猥褻心理——這些心理之所以猥褻，並不是因為其包含性的成分，而是因為道德使那樣的人，不能對於性的問題抱持純潔健康的思想。在羅素看來，性和個人幸福密切相關。

在本節中，我們要探討的是性和個人幸福的問題。關於這個問題，我們所要注意的既不是人生中性的活動期，也不是真正的性關係，而是性道德對於童年時期、青年時期的影響，這種影響根據不同的情況而千差萬別。

一、性道德對於童年時期的影響

傳統道德所做的第一件事情，就是把一系列清規戒律強加於孩子的生活中。我們常常教育孩子：不要當著大人的面去撫弄身體的某個部位，我們還常常教育孩子：在表達大小便的願望時要盡量小聲，而且在大小便時不要讓別人看見。身體的某些部位和生理行為是孩子們不易瞭解的，這使孩子們感到神祕，因而產生了濃厚的興趣。對於某些知識上的問題，如嬰孩是從哪裡來，孩子只得暗自思索，因為大人的答覆不是有意迴避，就是純屬捏造。如果一個小孩被人看到正在撫弄身體的某個部位，就會立刻受到極為嚴厲的喝斥。我們只能不無遺憾地說：這對於孩子以後生活的道德影響，並非總是像傳統道德家所希望的那樣。恐嚇是人們慣用的手段，用喪失生育能力的話來嚇唬孩子也許並不普遍，但用患精神病的話威嚇孩子卻被認為是非常得體的做法。的確，在許多人看來，不使孩子覺得他在從事一項危險的事情是違法的，除非使孩子知道這件事的危險性。這種教育的結果是：許多孩子在幼年時代就產生一種和性問題有關的深切罪惡感、恐怖感。性和犯罪及恐怖結合得如此緊密，以致性的一部分，或完全成了一種潛意識。

性虐待狂和性受虐狂這兩種，在一般情況下是正常的，但在惡性發作的時候卻是和性罪惡感有關。性受虐狂患者對自己與性有關的過錯感受極深；而性虐待狂患者認為女人都是妖婦。由這些影響我們可以知道，兒童時期受到的道德說教要是過於嚴厲，其具有何等深遠的影響！

在兒童時期和青年時期這兩個人生階段中，惡作劇、頑皮和違反禁令是自然、本能、用不著大驚小怪的現象，除非這些現象過於嚴重；可是成年人對於那種違反性禁令的行為，總是採取一種完全不同於違反其他規定時的態度，於是，孩子覺得違反性禁令的行為屬於一個截然不同的範疇。如果孩子從食物儲藏室裡偷了一些水果，你或許會覺得懊惱，或者會嚴厲地責罵他一頓，但你絕不會感到任何道德上的恐怖，也不會使孩子覺得他犯一個無法彌補的過錯；另一方面，如果你是一個保守的人，而你發現你的孩子手淫，那你斥責聲調之嚴厲，是他做任何錯事時候都從未聽過的。這種聲調使孩子產生巨大的恐怖感，而且這種恐怖感還會不斷地加劇。孩子心中有了你嚴厲態度的印象，就會深深地相信，手淫必定真的像你所說的那樣壞。

儘管如此，他仍舊會繼續做這件事情。他的病根就這樣種下了，並且也許會伴隨他一生，從他幼年時起，就把自己看成一個罪人。很快，他就學會祕密犯罪的方法，並感到這能聊以自慰，因為沒有人會知道他的罪孽。由於極為苦惱，他就尋找機會，去懲罰那些對這類罪孽隱瞞得不如他巧妙的人。由於兒時養成了騙人的習慣，在以後的生活中他會肆無忌憚地行騙。雖然他的父母企圖使他成為一個純潔的人，卻由於方法不當，反而使孩子成了一個有病態性格的偽君子和迫害狂。

在孩子的生活中，不應該充滿了罪惡、羞愧與恐懼的心理。他們應該是活潑、愉快和純真的。他不該畏懼自己的衝動，他不應該不敢探索自然的事實，他不應該將一切本能隱藏在黑暗的地方。假如要讓孩子成長為正直的男女，在知識方面真摯誠實，在社會方面無私無畏，在行動方面富有能力，在思想方面寬容豁達，那就必須從小就訓導他們，使這些結果成為可能，但我們一直把教育想像得和訓練熊跳舞一樣。我們大家都知道，會跳舞的熊是如何訓練出來的，人們把熊放在火熱的地上，使牠們不得不跳舞，因為如果靜止不動，牠們的腳掌就會被燙傷；與此同時，人們還對這些熊播放音樂，一段時間之後，即使沒有火熱的土地，只要有音樂熊就會跳舞，而孩子的情況也大致相同。當孩子意識到自己的性器官時，大人就斥責他，以後這種意識出現總是使他想到大人的斥責，結果健康進入幸福性生活的可能就完全被破壞了。

二、性道德對青年時期的影響

青年時期，對待性的傳統做法所造成的危害，比童年時期要大得多。許多青少年完全不能正確知道在自己身上發生了什麼事，他們對於性的生理現象沒有一點瞭解；當他們第一次遺精的時候，內心感到十分恐懼，並發現自己有著許多衝動，而大人曾經教過他們，這些衝動都是極端邪惡的。但這些衝動非常強烈，日夜都在圍攻他們。在那些比較傑出的青少年中，同時還抱持著一種認為美、詩歌與性毫無關係的理想愛情，一種極端思想主義的衝動。由於基督教中摩尼教的成分，青少年的理想主義的衝動，與肉體的衝動成了風馬牛不相及的事，甚至是水火不容。關於這一點，我們可以引用一位聰明朋友的自白來證明：「我相信，我自己的青春期並不是例外，因為它鮮明地展示了這種不同。我每天用數小時閱讀雪萊的詩，而為那句話所感動！

正像飛蛾對於星光的渴望；正像黑夜對於黎明的幻想。

接著我會突然拋開這崇高的情感，想偷窺那正在脫衣的女僕。後來一股衝動使我深感羞愧，但前一股衝動是無聊的表現，因為那種理想不過是對性盲目的恐懼心表現而已。」

大家都知道，青春期是最容易精神錯亂的時期。在這個時期，就是平常很鎮定、平衡自持的人，也很容易變得混亂。米德女士在她的《薩摩亞島人的青春期》一書中說，島上的年輕人很少出現精神錯亂的現象，因為那裡盛行性自由。的確，傳教活動大大減少了這種性自由。她又對一些住在傳教士家中的女子進行調查，這些女子在青年時代只經歷過手淫和同性戀，而那些住在其他地方的姑娘則還有異性戀活動。在這方面，英國的大多數著名男校和薩摩亞傳教士家裡的情形大致相同而已，但是這種情形對於薩摩亞人的行為並沒有造成心理上的損害，對英國學生的行為卻有。英國學生可能會發自內心地接受那些傳統的說教，而薩摩亞人卻認為傳教士不過是具有一些特殊嗜好的可笑白種人。

大多數青年人，在他們剛剛成年的時候，往往都會在有關性的問題上經歷一些不必要的痛苦和煩惱。如果一個年輕人為了要保持貞潔，那他在壓制性欲時經歷的痛苦，可能會使他成為一個膽怯而憂鬱的人。到他結婚的時候，除了突發的性衝動之外，他仍然無法擺脫過去多年形成的自制力，這使他喪失了對於妻子的性能力，而如果他和妓女來往，那種源於青年時代的肉體愛和理想愛的不統一就會永遠存在，結果，他和女人的關係要麼是柏拉圖式的，要麼在他的信念中是卑鄙的，此外，他還要冒著染上花柳病的巨大風險。假如他和同一階層的女人發生關係，危害固然要少得多，但那種保密的需要是有害的，因為它會妨礙穩定關係的發展。一部分人由於勢利，另一部分人認為婚後應當立刻生兒育女，人們不容易早婚。

另外，在離婚非常困難的地方，早婚具有相當大的危險性，因為在二十歲時兩個彼此很中意的人，到了三十歲就很可能彼此不中意了。對許多人來說，他們在獲得各種經驗之前，是難以具有穩定的關係的。如果我們對於性的觀念是明智的，那麼，我們就應當允許大學生暫時結婚，不生孩子也行。誘過這種方式，他們可以擺脫性衝動的煩惱，因為性衝動的煩惱現在正在極大地干擾著他們的學業。他們應當從其他人那裡獲得性經驗，這可以為他們將來有孩子的聖潔的夫妻生活做好準備。並且，他們應當還可以自由戀愛，而無須偷偷摸摸和害怕生病，因為此類現象正在使青年人走上歧途。

傳統道德對於那些在目前形勢下永遠也嫁不出去的女人來說是痛苦的，且在大多數情況下也是有害的。我們認識一些具有傳統道德的未婚女人，她們無論從哪個角度上看都是非常值得稱讚的。但是，整體來說，事實上並非如此。一個從未有過性經驗，而且認為這對於保持道德很有必要的女人，她的行為是消極的，並且具有恐怖的色彩，因此整體來說，她是膽怯的。與此同時，一種本能的和無意識的嫉妒會使得她對正常人充滿怨恨，極想去懲罰那些享受著她所享受不到的東西的人。知識上的膽怯是漫長處女生活的普遍現象。羅素認為，婦女目前在知識上的貧乏主要是由於性恐懼造成的對於好奇心的約束。那些找不到丈夫的女人，她們終生的處女生活是苦悶而空虛，這種情況現在非常普遍，這也是以前的婚姻制度所不會產生的，因為那時兩性人口大體持平。毫無疑問，目前大多數國家的女子數量已經大大超過男子，這充分證明了改革傳統道德的必要性。

那種被人們默認為是性發洩的婚姻，由於嚴酷的道德而蒙受著巨大痛苦。兒童時期產生的變態心理、男人嫖妓的經歷，為保持女人的貞潔而形成她們心中的性反感，所有這些都給婚姻的幸福造成了障礙。一個在優越的生活環境中長大的姑娘，如果她的性衝動是強烈的，那麼當她被追求時，她將無法把真正的情投意合與單純的性吸引區別開來。她很容易嫁給那第一個喚醒她性意識的男人；而當她的性欲得到滿足之後，她才明白她和那個男人之間毫無共同語言，但為時已晚。以前所受的教育使女人在性問題上過於膽怯，而又使男子過於唐突。男女雙方在性問題上缺少應有的知識，他們起初往往失敗的原因就在於無知，這使得雙方永遠不能從婚姻中得到性滿足。

此外，建立肉體上和精神上的夫妻關係也成了一件非常困難的事情。女人不習慣與異性談論性問題，男人也不例外，除非他的談話對象是妓女。在與他們共同生活最有關係、最關鍵的問題上，他們總是顯得靦腆而畏縮，甚至於完全緘默無言。妻子總是覺得不滿意，可又不知道她所需要的是什麼。

丈夫也有相同的感受，起初只是隱隱約約，到後來就逐漸趨於明朗，甚至於認為娼妓比他的合法妻子更能使他得到滿足。有時妻子感到很痛苦，而丈夫又不知道怎樣才能使她愉悅起來，結果，妻子的冷淡使他產生了厭惡之心。這一切都是由於我們沉默寡言和一本正經所導致的。

總而言之，從童年時期、少年時期、青年時期直到結婚，傳統道德一直在毒害著我們的愛情。它使我們的愛情充滿了憂鬱、恐懼、誤會、悔恨和精神緊張，把性的肉體衝動和理想愛情的精神衝動分為兩個不同的區域，使前者成為殘忍的，使後者成為沒有生育的。其實，生活本不應當成為這個樣子。人類動物的天性和精神的天性不應當發生衝突。兩者之間絕非水火不容，而且它們只有彼此結合，才能達到至善至美的地步。男女之間完美的愛情是自由而無畏的，是肉體和精神的平等結合。它不應當由於肉體的緣故而不能成為理想的；也不應當由於肉體會影響理想，而對肉體產生恐懼。

愛情應該像一棵樹，它的樹根深植於地下，而枝幹則伸展於天空；但是，愛情如果受到禁忌和迷信的畏懼，受到責難的言辭和可怕的緘默的束縛，愛情絕對不會根深葉茂。男女之愛和父母子女之愛，是一個人情感生活中的兩個重要部分。傳統道德在貶抑男女之愛的同時，又聲稱要加強父母子女之愛。而事實上，父母對於子女的愛的減少，正是因為父母彼此的愛被削弱而蒙受巨大損失。如果孩子是父母彼此滿足和快樂的結晶，那麼，父母對於孩子的愛將是健康的、熱烈的、自然的、無條件的、直接的、合乎動物本性的、無私的和卓有成效的，而這是另外一些父母所難做到的。他們空虛而渴望在可憐的孩子身上，得到他們婚姻中得不到的養分，把稚嫩的心靈引入歧途，並為下一代埋下同樣痛苦的種子。

畏懼情愛，就是畏懼人生，而那些畏懼人生的人，則如行屍走肉一般。

電子書購買

國家圖書館出版品預行編目資料

在質疑中探索事物的本質，論羅素如何看待世界：極簡主義 × 分析化約 × 崇尚和平，對人世充滿關懷的哲學家 / 劉燁，潘于真編譯 . -- 第一版 . -- 臺北市：崧燁文化事業有限公司，2022.08

面；　公分

POD 版

ISBN 978-626-332-588-3(平裝)

1.CST: 羅 素 (Russell, Bertrand, 1872-1970)
2.CST: 學術思想 3.CST: 哲學

144.71　　111011209

在質疑中探索事物的本質，論羅素如何看待世界：極簡主義 × 分析化約 × 崇尚和平，對人世充滿關懷的哲學家

臉書

編　　譯：劉燁，潘于真
排　　版：黃凡哲
發 行 人：黃振庭
出 版 者：崧燁文化事業有限公司
發 行 者：崧燁文化事業有限公司
E-mail：sonbookservice@gmail.com
粉 絲 頁：https://www.facebook.com/sonbookss/
網　　址：https://sonbook.net/
地　　址：台北市中正區重慶南路一段六十一號八樓 815 室
Rm. 815, 8F., No.61, Sec. 1, Chongqing S. Rd., Zhongzheng Dist., Taipei City 100, Taiwan
電　　話：(02) 2370-3310　　**傳　　真**：(02) 2388-1990
印　　刷：京峯彩色印刷有限公司（京峰數位）
律師顧問：廣華律師事務所 張珮琦律師

定　　價： 350 元
發行日期： 2022 年 08 月第一版
◎本書以 POD 印製